# 书店时光

## 书友、书商和爱书人的记忆风景

〔美〕鲍勃·埃克斯坦 著  〔美〕加里森·凯勒 前言

刘倩 译

商务印书馆
The Commercial Press

# 前言

　　1960年，当我奔赴明尼苏达大学读书时，丁基镇（Dinkytown）的校园附近有三个独立书店——佩林斯（Perrine's）、麦高式（McCosh's）和贺丹（Heddan's）。它们彼此相距不远，每家都有驻店的老板，各自都秉持着坚不可摧的原则。佩林斯位于铁路旁的路基上，当你浏览着最新出版的精装小说时，你能感觉到向南驶往芝加哥的"银色和风号"（Silver Zephyr）火车带来的震动。麦高式的主人是个蓄了胡须的无政府主义者，然而他喜爱的却是古典文学；他在检索卡上写下热情似火的评语，然后把检索卡钉到书架上。在这些书架上，人们能够找到《尤利西斯》（*Ulysses*）、《嘉莉妹妹》（*Sister Carrie*），还有贺拉斯的颂歌，价格都很公道。贺丹的主人是一位沉默寡言的挪威老人，他似乎有个隐秘的书目检索系统——店内混乱不堪，一堆堆的书，装着待上架的书的板条箱，天底下所有的东西都堆在地上，但如果你告诉老人你想要什么书，他稍加思索就能给你取来。

　　这些书店对进店闲逛的路人很友好，而当你成为常客，书店主人会招呼你，或许会说起某本他认为你会喜欢的书，到了离开的时候，你会站在柜台边和他探讨时下的新闻，并感到宾至如归。虽然你只是州立大学的一个大学生，但此刻，你被认可是一名读者，是知识王国的一位公民。

你从孩提时代起就爱上了书籍，因为你渴望了解那些"重要的事情"，从而进入成人世界。图书馆是你的第一站，但是你渴望拥有，而如果你家境拮据，在家里要节约用电，衣服上要打补丁，会购买隔夜面包，从不在咖啡馆用餐，那么，买一本书的念头是很刺激的，那是真爱。你必须拥有自己的《瓦尔登湖》，拥有弗罗斯特（Frost）、卡明斯（Cummings）、本奇利（Benchley）、列布林（A. J. Liebling）还有《罗氏分类概念词典》（*Roget's Thesaurus*），如此方能品味"行走"一词的多种变体的韵味。那么不可避免地，你会像寻找田鼠的猫头鹰一样，像逆流而上的大马哈鱼一样，像物色友好酒馆的酒鬼一样，找到一个不起眼的小书店。光顾那儿的都是你的同道中人，你在里头感到舒适和满足。我不是反对大型的连锁书店，完全不是，但是二者给人的感觉是迥异的：就好比在咖啡馆吃店主人亲自做的饭菜和从自动售卖机买东西吃一样。

后来我离开了大学，写了几本畅销书，有了足够的钱，开了一家自己的小书店，并因此在最初的五年里损失了大笔的钱。但是我们坚持下来了，并且学会了如何管理存货清单，如今亏损减少了。这是一个非常温馨的小书店，隔壁是个面包房，街角有一家奶酪店、一个咖啡馆和一家阿富汗餐厅。书店的橱窗里放着爱默生的巨大头像。在书店里面，人们会看见圆柱上漆着奥康纳（Flannery O'Connor）的名言："你过去待过的地方已经不复存在，你以为你会前往的地方从未存在，而你正身处其间的地方不值一提，除非你能从那里逃离。"再往前走，是菲兹杰拉德的话："给我一个主人公，我会给你一部悲剧。"满桌的书，一排排的书，一堆堆的书，很大的诗歌区域，很长一面墙都放置着小说，很多关于当地历史的书，柜台后面是愉快的女人们和一两个严肃的男人。门上没有写着"卫生间仅供读者使用"的标识。我们只要求人们不要去卫生间读书——有沙发供你读书使用。

人们说，小型独立书店就快消亡了。这太糟了。有一天，我的书店也会消失。我还是小孩的时候，广播综艺节目就消亡了。主流基督教教堂正在快速衰落，报纸越来越薄，剧院已经死了（又一次？），今天的孩子们不知道如何使用工具书，流行音乐让人听不懂，西红柿口感全无，乘火车旅行日益罕见，现代艺术没有希望，当红明星你从未耳闻，哪里都买不到好吃的鸡蛋沙拉三明治，人们也不再拍过去那样的好电影了。但是在我看来，一切都已准备就绪，亟待重生。今天再也没有人读诗了，然后就出现了玛丽·奥利弗（Mary Oliver）和比利·科林斯（Billy Collins）。我的书店就位于马卡莱斯特学院（Macalester College）（我的房东）对面，我们的许多顾客都是学生。有一天，他们当中的一个会创造出独立书店的新模式，我就会失业了。也许你就是那个聪明的家伙。你会很出色。

书籍行业真正的问题在于，聪明人都太忙了，没有时间读书。事实就是如此。等到我的书店破产了，我就会终于有时间拿起一本书，坐下来，然后连着读好几个小时。那才是好日子。我会走进你的书店，亲爱的读者，站在放小说的桌子旁浏览，阅读十五本小说的开篇和书腰，拿起两本，走到柜台前和你一起抱怨世界糟糕的现状，然后回家去读书。我期待那一天的到来。

加里森·凯勒（Garrison Keillor）

2015 年 8 月

# 序言

您阅读本书时身处的不同位置，决定了您周围独立书店的不同现状：要么正在重新繁荣，要么仍然濒临消亡。我写这篇序言的初稿时，写的全是书籍行业的艰难现状。毕竟，在过去的两年间，我一直在与书店主人和书商们谈话。我记录下重要人物的谈话日期和他们的感慨，我不停地谈论书店的困境。我无法自拔——我在那些对话中沉浸已久，听着无数书店主人哭诉他们的梦想如何破灭。但是我没有选择说教，而是回归了我在本书中坚守的原则：保持简洁，保持有趣。

我想要描绘世界上最伟大的书店的计划，最早始于我为《纽约客》的网站绘制纽约城里一些漂亮的书店。后来我把这个项目扩展为本书，收集了三百多个故事和引言（这还不包含我听到的上百个关于"镇店之猫"的故事）。在整个过程中，我得到了很多善意的话语和关于书店价值的洞见。比如，亚历克·鲍德温（Alec Baldwin）[1]在推特上给我留言："我爱一切书店，连锁的、独立的、大的、小的。你一走进书店，时光就静止了。"一位慈爱的父亲告诉我："在我女儿还不会走路的时候，

---

[1] 美国著名影视演员。——编者注

我就开始带她去书店。每周都去一次甚至更多。我们会在儿童区待好几个小时，我为她读书，就这么一直读到她能为我读书。她慢慢长大，我们继续去书店，然后分头看书，去征服新的书籍。我总是让她选择任何她喜欢的书，只要她读，我就会给她买下来。我不知道这样一来我总共买了几百本书，但是我确信我在最佳顾客的名单上名列前茅。阅读的时光、谈论书籍和人生的时光，是多少钱都买不到的。看着我的女儿学会热爱阅读，热爱语言，这就是做父亲的在教育方面能够拥有的最大奢望了。我的女儿现在上大学了，但是假期里我们会在书店碰头。作为一个父亲，我也犯过错误，但书店是我永远珍视的成就，我希望我女儿也这样认为。"

我对书店的选择是基于推荐、口碑、社会史和对当地的贡献。当然，人们告诉我的真实可靠的好故事也至关重要。一开始，我列出了一份包含150家书店的名单，最后缩小到了75家。我没有能够囊括所有伟大的书店，但是我确信这本书中的每个书店都是了不起的。

我没有让自己的判断受到情绪的影响。我曾经两次专程去芝加哥（我住在纽约市）走访一家书店，但是每次他们都不愿意跟我谈话。他们对我非常警惕，以为我是一个记者，想寻觅关于出版业现状的负面新闻。另一家书店坚持要对作品有完全的修改权。但是我没有让这些偶尔的冷遇影响我最终的选择。我需要补充的是，几乎所有的书店主人都很高兴接待我，也渴望讲述他们的故事。许多人对我倾心以待（结果就是我买了很多书）。有人告诉我，书店已故前主人拥有经营书店的梦想，是因为她曾经是亚拉巴马州的黑人女孩，她无法使用镇上的流动图书站。遗憾的是，由于现实原因，我无法亲自走访所有的书店，但是有许多人在全世界帮助我从事这项工作。

我设想，当谈及这本书时，人们最想问我的问题就是："你最常听到的故事是什么？"所以为了节省时间，我在此回答一下。我最常听到的故事，除了镇店之猫的故事，就是发生在书店里的求婚（并且那些求婚成功的人有些后来会在那家书店里举办婚礼）。其次经常听到的故事与此相关：男人把陌生人误当成自己的妻子，从背后搂住了她。这种事情频繁得令人吃惊，以至于许多人知道自己的故事并不独特之后都怅然若失。

对于书店主人和员工来说，书店是牵动情感的地方，是勤劳的人们用汗水和泪水经营起来的。每个书架上摆放的都是上百位作者毕生的心血。每本书都凝聚着漫长的煎熬和辛苦的工作。书店主人和员工往往也是写作者。还有什么地方承载了更多成真的美梦抑或失落的理想呢？

　　书店还是人们的聚集地、给人安慰的地方、社区活动中心和文化娱乐场所。许多人完全是为了书店而活着，甚至还有人梦想着住在书店里。有的书店甚至为员工提供居住场所，以此来报偿他们的工作。还有什么别的商店会这样做呢？书店和顾客之间的关系是互惠的，依靠的是忠诚和慷慨。顾客都非常诚实，也应该得到赞誉——书店是可以被利用的，为人们提供免费的专业知识和人与人之间的接触，为在线购物提供书目清单，被当成图书馆，或者仅仅是卫生间。书店主人和员工都是非常有耐心的人。

　　这本书旨在纪念全世界的独立书店，以及所有热爱书籍的人。我很荣幸能为这本书提供插画。虽然我没有办法在这本书中囊括每一个伟大的书店——我在此向那些我还没有去过的书店致歉——但是我倾向于认为，这本书是关于所有书店的，是为过去和现在所有的书店主人和员工写的。这本书献给每一个曾经梦想过生活在书店里的人。

鲍勃·埃克斯坦

莱诺克斯，马萨诸塞，美国
1966 年至今

# 书店
## The Bookstore

麻省莱诺克斯的"书店"原本是一栋小房子的起居室，位于邻近小镇斯托克布里奇（Stockbridge）一家咖啡馆后面的小巷里。20 世纪 60 年代后期，小店搬到了莱诺克斯。现在的主人马修·坦嫩鲍姆（Matthew Tannenbaum）曾经为传奇书商弗朗西斯·斯泰洛夫（Frances Steloff）工作，他还把这段经历写成了回忆录，题为《我在哥谭书坊和弗朗西斯·斯泰洛夫一起工作的日子》（*My Years at the Gotham Book Mart with Frances Steloff*）。

"制片人斯特凡·洛朗（Stefan Lorant）1940年搬到了莱诺克斯，在这附近一直居住到1997年去世。他著有《我是希特勒的囚徒》(I Was Hitler's Prisoner)，此书名声极大。有一次他来书店的时候，我终于问了他是否认识希特勒，以及希特勒是个怎样的人。他一本正经地回答道：'我们有过几个相同的女朋友。'"

——马修·坦嫩鲍姆，店主

纽约市，美国

1913 年至 1989 年

## 斯克里布纳书店
### Scribner's Bookstore

　　这家书店位于第五大道，是"学院派"（Beaux-Arts）风格，由建筑师欧内斯特·弗拉格（Ernest Flagg）专门为查尔斯·斯克里布纳之子（Charles Scribner's Sons）出版社的斯克里布纳书店设计。该出版社曾经出版过菲兹杰拉德和托马斯·沃尔夫（Thomas Wolfe）等作家的作品。这家书店后来被迫迁移到市中心房租更为低廉的地方，最终由巴诺书店（Barnes & Noble, Inc.）收购。

"斯克里布纳书店一把手的办公室就在书店楼上。海明威当时来交他的新作《丧钟为谁而鸣》,而一把手对手稿中的某个词感到不满。'哪个词?'海明威问道。总裁说不出口,就把它写在了桌上的日历上。海明威于是同意删去这个词。第二天早上,办公室秘书发现她的上司在'每日事项'下面写着:Fuck。"

——李昂·弗赖利克(Leon Freilich),"公园坡的桂冠诗人"

旧金山，加利福尼亚，美国
1953 年至今

# 城市之光书店
## City Lights

半个多世纪以来，旧金山市的城市之光书店一直致力于保护文学中的多元化声音和思想，以及提升大众的读写能力。

"我们曾经收到过一位年轻女子的来信。她想要我们知道,并且希望我们不会对这件事情感到恼怒:她曾经偷偷把她父亲的骨灰撒到书店诗歌室的各个角落。她说,那是她父亲在世界上最喜欢的地方,知道他在那里,能让她感到安慰。"

——史黛西·刘易斯(Stacey Lewis),城市之光

果阿，印度
1936 年至今

# 莘巴尔书屋
## Singbal's Book House

　　莘巴尔书屋毫无疑问是整个帕纳吉最古老和最受欢迎的书店。它深受游客喜爱，不仅仅因为它拥有丰富的游记和旅行指南，而且因为它经营着全国乃至全球的大量报纸杂志。从 1936 年开业以来，这个书店还出版了许多备受好评的艺术类书籍。书店的主人阿吉特·莘巴尔（Ajit Singbal）近来还涉足时尚界，与男装品牌"印度地形时尚"（Indian Terrain Fashions）开展合作。

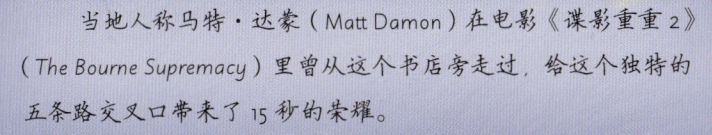

当地人称马特·达蒙（Matt Damon）在电影《谍影重重2》（The Bourne Supremacy）里曾从这个书店旁走过，给这个独特的五条路交叉口带来了 15 秒的荣耀。

"在过去，这家书店曾经是重要的地标。但是它现在已经成为古董，需要在一个飞速变化的世界里寻找自己真正的立足之地。"

——当地居民

伍德斯托克，纽约，美国

1978 年至今

## 金色笔记
### The Golden Notebook

在纽约伍德斯托克，金色笔记是当地艺术家和音乐家很喜欢的一家独立书店。

"有一天,一位顾客来为他女儿找一本书。我们的童书负责人盖拉·皮尔逊(Gaela Pearson)当时正忙着布置纸板书展合。她对那位男子说:'我很乐意帮你。事实上,如果你能帮我摆一下这个展合的话,我愿意给你打八折。'他说:'不,我不需要折扣,但是我愿意帮忙。'盖拉和那个男子坐在地上,把展合布置完毕。男子买了本书然后离开了。盖拉的女儿在书店后面工作,她这时说:'你知道那是谁吗?你没有注意到他的两只眼睛颜色不同吗?他是大卫·鲍伊(David Bowie)。'"

——杰奎琳·凯拉昌(Jacqueline Kellachan),店主

布鲁克林，纽约，美国
1981 年至今

# 书院
**Bookcourt**

布鲁克林的书院书店创立于 1981 年。2012 年，它被《村庄之声》(*Village Voice*) 评选为最佳书店。

罗宾·威廉姆斯（Robin Williams）在街角拍摄电影，途中突然走进书店，在诗歌区域看了看。他说："我该死地太爱诗歌了！我会回来的。"几个小时后，他回来了，买了一大堆书。在出门的时候，他又大声宣布："我该死地太爱书店了！"

圣保罗，明尼苏达，美国

2006 年至今

# 共同好书
## Common Good Books

　　加里森·凯勒的共同好书书店深受作家和爱书人的欢迎。它经常被《城市书页》（City Pages）和《明尼阿波利斯−圣保罗》（Minneapolis/St.Paul）杂志评为本市最佳书店。每年，该书店都会举办诗歌竞赛。

"我们搬到新的、更大的店面之后的那个周六早上,一位顾客带着手风琴来了。然后又来了一位。很快,我们就有一大群手风琴家了。后来又来了一个小提琴手。我们挪走了一些桌子,用音乐和舞蹈来庆祝新店开业。有顾客问我:'这里经常有派对吗?'我撒了个谎:'是啊。'"

——戴维·恩甘特(David Enyeart),共同好书

伯明翰，亚拉巴马，美国
1990 年至今

# 亚拉巴马书匠
## Alabama Booksmith

　　亚拉巴马书匠只销售签名本，并且所有书籍都是按照常规零售价销售。书店主人杰克·莱斯（Jake Reiss）说："我们想方设法买来了各种签名本，包括卡特总统、汤姆·布洛考（Tom Brokaw）、菲利普·罗斯（Philip Roth）、玛德琳·奥尔布赖特（Madeleine Albright）、哈珀·李（Harper Lee）等。此外还有上千位名人的签名书籍，比如约翰·厄普代克（John Updike）、理查德·拉索（Richard Russo）、伊莎贝尔·阿连德（Isabel Allende）、保罗·奥斯特（Paul Auster）、帕特·康罗伊（Pat Conroy）、埃德娜·奥布赖恩（Edna O'Brien）、安妮·赖斯（Anne Rice）。"

"我很喜欢这家书店。这是我去过的唯一一家把书的封皮翻开、露出扉页的书店。这意味着他们展示的内容不如其他书店那么多,书架却因此而有趣多了。"

——崔西·雪佛兰(Tracy Chevalier),
《戴珍珠耳环的女孩》(Girl with a Pearl Earring)一书的作者

"崔西·雪佛兰是位不可思议的实干家。她从丹佛来的飞机晚点了,已经24个小时没有合眼。但是她直接来到书店,为我们的'签名版首印本俱乐部'签了四百本书,然后又在文学学会的慈善活动上表现得活力四射。她很快地走访了六家美国书店,然后回到伦敦,为逾越节做了犹太丸子汤。" ——杰克·莱斯,店主

"顺便说一句,那些丸子做得像炸弹一样。" ——崔西·雪佛兰

东京，日本
1877 年至今

# 神田神保町
**Kanda-Jimbocho**

　　神田神保町是位于东京市中心一块不大的区域内的"书镇"，包括约 150 家书店。它是全世界最大的二手书市场。

　　19 世纪 60 年代，包括东京大学、学习院大学、顺天堂大学、明治大学、中央大学在内的学府都位于神保町所处的区域附近。这个区域的第一家书店于 1877 年开业，为众多学者提供了便利。此后数年间，又有几十家陆续开业。

神田神保町经历过 1919 年的大火，那场大火把镇里大部分书店都烧毁了。它也经历过 1923 年的关东大地震，整个区域都被震平了。它还经历过"二战"的轰炸，当时的空袭毁掉了靖国神社街北边的所有书店。但是在书店主人们看来最大的挑战，还是当今的年轻人都不看漫画书之外的书了。神保町地区大部分二手书书店都是朝北的，因为店主们不希望书籍在阳光暴晒下褪色。

纽约市，美国
1964 年至今

# 里佐利书店
## Rizzoli Bookstore

　　1985 年的一天，上午十一点，里佐利书店凭借其地标的地位躲过了落锤破碎机。但是当落锤破碎机在 2014 年再次出现的时候，这座有着百年历史的标志性建筑却没有那么幸运。位于曼哈顿市中心五十七街的里佐利书店歇业于 2014 年，在此之前它已经营业了五十年。2015 年春天，它在纽约市的诺玛德区（NoMad）重新开业。

"艾柯（Umberto Eco）点燃第一根雪茄的时候，我们试图告诉他不能抽烟。但是他完全无视我们，整个签名的过程中一直抽烟。他会说英语，但是只愿意说意大利语。"

"葛丽泰·嘉宝（Greta Garbo）在里佐利书店一待就是几个小时。除了我们之外，没有人知道她在那里。"——安东尼奥·西门纳（Antonio Ximenez），画家、书店员工，作家鲁本（C. M. Rubin）转述

波士顿，马萨诸塞，美国

1959 年至今

## 共同体书屋
**Commonwealth Books**

　　共同体书屋位于波士顿最古老的街道上（泉巷［Spring Lane］，始建于1630年），书屋附近的建筑物包括该市的第一眼泉（大泉［The Great Spring］），以及玛丽·奇尔顿（Mary Chilton）故居。奇尔顿是"五月花号"上唯一一位在波士顿安家的乘客。

共同体书屋拥有一些稀有的书籍和文学藏品，包括一幅 16 世纪的乔叟画像。这幅画据说是"体制收藏外最古老"的一幅，据说在乔叟去世后悬挂于他家里。该书店曾经售出过一本伊拉斯谟（Erasmus）的《阿尔丁尼格言集》（Aldine Adagiorum），是非常罕见的原装本，被精装书收藏家们视为自古以来最重要的书籍之一。"伊拉斯谟在修订这本书时正为出版社工作，所以他有可能亲手拿过这本书。我们非常舍不得它。"店主乔·菲利普斯（Joe Philips）如是说。伊拉斯谟的著作每二十年才会拍卖一次。共同体书屋的这本书卖了七万美元。

布宜诺斯艾利斯，阿根廷
2000 年至今

# 雅典人书店
## El Ateneo Grand Splendid

　　每年都有超过一百万人来参观的雅典人书店，位于 1919 年建成的辉煌大剧院（Teatro Grand Splendid）里。1924 年，这里曾办过一家广播电台，为当时如日中天的探戈歌手录制唱片，还举办过探戈比赛。在 1920 年代后期，这座建筑扩建成一座影院，并于 1929 年上映了阿根廷最早的有声电影。今天，剧院仍然完好，只是座位都于 2000 年搬走了，这座建筑变成了全世界最美的书店。

老剧院的舞台如今改造成了咖啡厅，顾客可以带着书去歌剧院的头等包厢阅读和休憩。

孟菲斯，田纳西，美国
1875 年至今

# 伯克的书店
Burke's Book Store

位于田纳西州孟菲斯的这家书店曾经迎接过这些名人：约翰·格里森姆（John Grisham）、理查德·福特（Richard Ford）、安·比蒂（Ann Beattie）、安妮·赖斯、鲍比·安·梅森（Bobbie Ann Mason）、凯·吉本斯（Kaye Gibbons）、彼得·古拉尔尼克（Peter Guralnick）、彼得·凯里（Peter Carey）、李·史密斯（Lee Smith）、拉尔夫·阿伯内亚（Ralph Abernathy）、里克·巴塞尔姆（Rick Barthelme）、查尔斯·巴克斯特（Charles Baxter）、罗伯特·巴特勒（Robert Olen Butler）、比尔·怀曼（Bill Wyman）、迈克尔·杰克逊、莉萨·玛丽·普雷斯利（Lisa Marie Presley）、科特妮·洛芙（Courtney Love）、吉恩·哈克曼（Gene Hackman）、玛丽·露易斯·帕克（Mary Louise Parker）、贝尼西尔·戴托洛（Benicio Del Toro）、阿德里安·贝卢（Adrian Belew）、卡拉·托马斯（Carla Thomas）、快转眼球乐队（R.E.M.）、马特·狄龙（Matt Dillon）。2015 年，书店迎来了它 140 岁的生日。

书店如今的店主柯利·梅思乐和谢丽尔·梅思乐（Corey and Cheryl Mesler）在店里接待了我。柯利当年是经理，他看到那时还是密西西比大学学生的谢丽尔正在书店柜台购买《莱昂纳德·科恩诗选》（Selected Poems of Leonard Cohen）。他从人群中挤过去为她服务，忍不住说："你在买莱昂纳德·科恩的书！你愿意嫁给我吗？"一年之后，谢丽尔也来书店工作了。

谢丽尔回忆道："我受雇两周之后我们就约会了。店主不允许雇员之间谈恋爱，所以我们瞒了她六个月。她最终发现了。"两年后，他们结婚了，婚礼在书店里举行。

最后，他们买下了书店，并在那里度过了过去的二十五年。

纽约市，美国
1927 年至今

# 史传德书店
**Strand Book Store**

　　史传德书店从 1927 年就开始运营，是一家传奇的书店。它号称容纳了"垒起来可达 18 英里"的书籍，是起始于 1890 年的"图书街"（Book Row）中仅存的一家。

　　许多书籍热爱者都在史传德书店举行婚礼。曾经有一个人通过在书店里设置寻宝游戏，利用书店广为人知的黑暗而神秘的内部空间，布下线索来向女友求婚。

"我大学毕业后的第一份工作就在史传德书店,当时被分配到地下室。我只待了一周。在我被解聘的前一天,沃伦·比蒂(Warren Beatty)和黛安·基顿(Diane Keaton)来到书店,为《烽火赤焰万里情》(Reds)拍摄一个场景。我立刻把工作忘在了九霄云外,跑过去打招呼。我当时唯一想到的话就是:'你们能在我的橙汁杯上签名吗?'我得到了黛安·基顿大大的招牌式微笑。也许那天堂般的一刻就让那地狱般的一周变得值得了。"

——阿伦·斯丹费尔德(Alan Steinfeld),电视节目《量子心世界》(New Realities)的制片人和主持人

芝加哥，伊利诺伊，美国
1991 年至今

# 昆比书店
## Quimby's

　　这家书店是图像小说的非官方旗舰店。书店的第一个区域是同性恋成人区（Gay Smut）。店内有个复古照相亭，在儿童读物区域对面有一个"药物和啤酒"区域。

"我从得克萨斯的奥斯汀搬到芝加哥，是为了去芝加哥艺术学院（Art Institute of Chicago）读研究生，学习另类艺术、文学漫画和图像小说——并非当时大多数人做的事情……在奥斯汀，我一直在为学生报刊画昆比老鼠（Quimby the Mouse）的连环漫画，搬家之后我继续画，但只是在我的写生簿上画，所以没有人知道它。

"我去学校的路上要经过达蒙街和长青街的转角。一天早上，我注意到一家新开业的店面。我看到人们正在安装书架，然后惊讶地发现书架上不但摆放着书籍，还放着漫画。不仅有一般的漫画书，还有非主流的文学漫画——恰恰就是我正在画的那种。这次偶然事件让我非常惊讶，但更让我没有料到的是，后来有一天，我看到店的招牌悬挂了起来——用黑色和金色的大字写成的QUIMBY'S。那时我不禁担心自己得了某种安布罗斯·比尔斯（Ambrose Bierce）[1]式的脑部创伤，我并不是真的在芝加哥，而是在得州某个医院昏迷不醒。然而，后来我和书店的主人史蒂文·斯文伯斯基（Steven Svymbersky）成为了好朋友，我从他那里得知，完全出于偶然，五年以来他一直在波士顿出版一份叫《昆比》的杂志。他后来请我重新设计了书店的招牌，所以我利用了两个'昆比'的相似点，把我的双头老鼠的形象永久且无限制地授权给书店使用。"——克瑞斯·威尔（Chris Ware），漫画家、作家、艺术家，《建造故事》（Building Stories）一书的作者

---

[1] 美国短篇小说家、记者、诗人、南北战争退伍军人，恐怖和灵异小说大师，其作品中常有超自然事件、不寻常的消失及时间错乱的描述。——编者注

# 先锋书店
## Librairie Avant-Garde

南京，中国
1999 年至今

要抵达先锋书店，书籍爱好者们需要开车沿着山坡下行，就好像詹姆斯·邦德影片里那样，开到一个巨大的地堡里，那是过去的防空洞。在成为世界上最大的"隐形"书店（43 000 平方英尺）之前，这里曾经是一个车库。每天，人们都要排队才能进入书店。进去之后，沿着一条有双黄线的路，就会到达先锋书店的大厅。这里有三百张椅子供人们阅读使用，有一个咖啡店、一间活动室、一件罗丹《思想者》的仿制品，还有几百英里长的书籍。

进入书店前，要通过一个摆满了书籍的隧道，上方有个巨大的黑色十字架。

店主开了第一家书店之后皈依了基督教，他一直聆听街对面的圣保罗教堂的颂歌声。店主钱小华说过："阅读就是我们的信仰。这个地方就是爱书者的天堂。"

纽约市，美国
1995 年至今

## 波兹曼书店
**Posman Books**

波兹曼书店是一个家族书店，在纽约有三家店。一家位于纽约中央火车站里，于 2014 年停止营业。这让许多繁忙的通勤者都很伤心。在此之后不久，一家新店于华尔街开业。这家书店在 2012 年被《纽约》杂志评为最佳书店。

"我正从前面的窗户往外看,看到一群人尖叫着跑上前往四十二街和范德堡大道(Vanderbilt)的斜坡。我想车站里肯定发生了糟糕的事情。几秒钟后,就像马克斯兄弟(Marx Brothers)[1]喜剧里常见的情景那样,他们又都往下跑回来,仍然在喊叫。我们赶紧请顾客离开,锁了门,从后门撤离。当我们来到大街上时,天空是红色的,布满灰尘。我以为有飞机撞了摩天大楼,或者中央火车站对面的楼着火了。我们最终隔着一家酒吧的窗户看到电视里说,是格拉莫西公园的蒸汽管道爆炸了。白色的粉尘落到我们的头发和衣服上;我们后来发现这些粉尘其实是石棉。几天后,有些匆忙离开的顾客回到书店,为他们一不小心带走的书籍付了钱。"——罗恩·科尔姆(Ron Kolm),诗人,中央火车站波兹曼书店前经理

---

[1] 美国早期喜剧演员。——译者注

纽约市，美国
1997 年至今

# 书籍文化
**Book Culture**

　　书籍文化在曼哈顿的上西区有三个店面。其中两个店面坐落的位置，曾经是备受当地人喜爱的恩迪科特书店（Endicott Bestsellers）和晨边书店（Morningside Books）。该书店被《时尚出游》（*Time Out*）杂志评为 2014 年上西区的最佳书店。

"哲学家马歇尔·伯曼（Marshall Berman）是个非常自在的人。他无论读什么都会完全地投入。他会进来，开始浏览，然后专注地阅读一个小时或者更长时间。在这些下午，随着时光流逝，他的姿势会越来越低，从站立变成斜倚，然后直接坐下。接下来，他会从坐着的姿势，开始侧躺下，躺在过道的水泥地上，一只手拿着一本哲学书，另一只手支着胡子拉碴的巨大头颅，丝毫不理睬周围的世界。"——克里斯·杜伯林（Chris Doeblin），店主

好莱坞，加利福尼亚，美国
1970 年至 2011 年

# 菩提树书屋
## Bodhi Tree Bookstore

  好莱坞的菩提树书屋是美国最早、最大、内容最广泛的以灵性为主题的书店之一。它于 2011 年的新年晚上停止营业。

  书屋起源于 20 世纪 60 年代。当时道格拉斯飞机公司（Douglas Aircraft）的三位员工对超验冥想和佛教产生了兴趣。丹·莫里斯（Dan Morris）和另外两位店主菲尔·汤普森（Phil Thompson）、斯坦·马德森（Stan Madson）此前在研究大规模毁灭性武器，在三十多岁的时候开始经营这家书店。1970 年开业时，三个人把菩提树书屋既视为书店，又视为灵修中心。

  菩提树书屋是《洛杉矶时报》书市的创始方之一。20 世纪 80 年代早期，演员雪莉·麦克雷恩（Shirley MacLaine）来到了这里。这场邂逅改变了她的一生，改变了书屋的命运，也在很大程度上改变了美国人有关灵魂的思考。她出入书屋的经历后来被改编成了电视剧，也出了书，叫作《陷入绝境》（*Out on a Limb*）。

"我在洛杉矶时偶尔会去菩提树书屋。大概是 1986 年吧,我带迈克尔·杰克逊去逛了好莱坞西部的菩提树书屋。他乔装打扮成一个阿拉伯女子,戴着头巾和面纱。我们看上去像一对奇怪的情侣,有些人瞪着我们看。我们买了卡洛斯·卡斯塔尼达(Carlos Castaneda)的几本书,还有尤迦南达(Yogananda)的《一个瑜伽行者的自传》(Autobiography of a Yogi)。在回[加州]索尔万(Solvang)的豪华轿车里,我拍下了我们俩的合影,在度过了无忧无虑的开心一夜之后,疲惫而困倦。" ——狄巴克·乔布拉(Deepak Chopra)

巴黎，法国
1919 年至 1941 年
1951 年重新开业至今

# 莎士比亚书店
## Shakespeare and Company

真正的书迷把莎士比亚书店视为世界上最伟大的书店。这个书店最初开在奥德昂大街 12 号，店主是美国人西尔薇娅·比琪（Sylvia Beach）。比琪是詹姆斯·乔伊斯的现代主义杰作《尤利西斯》的第一位出版商。

1951 年，另一位美国人乔治·惠特曼（George Whitman）在布切立大街 37 号开了一家名叫米斯特拉尔（Le Mistral）的书店。1964 年，惠特曼把书店的名字改成了莎士比亚书店，既为了纪念比琪原来的书店，也为了纪念莎士比亚四百年诞辰。后来，这家书店成为包括庞德、乔伊斯、艾略特在内的许多作家们的会晤所、俱乐部和邮局。惠特曼的女儿西尔薇娅现在经营着这家地标性的建筑物。据书店主人估计，在过去的一个世纪里，大约三万个渴望成为作家的年轻人曾经在莎士比亚书店留宿。

"我十七岁的时候,早早地从学校毕业,然后去了巴黎。在那里,我梦想着进入莎士比亚书店的世界。但是我非常腼腆。我没有和书店的人说话,而是经常坐在书店前面的樱桃树下面画画。一天,乔治穿着他那皱皱巴巴的高级西装,慢悠悠地走到我旁边,说:'春日巴黎的年轻姑娘,再没有比这更伟大的奇迹了。'结果就是,我在那里陆陆续续住了好几个月,沉浸在那无政府主义的独裁里,这改变了我的一生。"——莫莉·克拉芭普尔(Molly Crabapple),《抽血》(Drawing Blood)一书的作者关于书店丰富多彩的过去，诺儿·莉蕾·费兹（Noel Riley Fitch）写过一本很有名的书。其中有一个来自西尔薇娅·比琪和"垮掉的一代"的故事，讲的是海明威过于紧张，没有办法独自完成一场图书活动——他拉着他的作家友人一起发言。不仅如此，他说着说着就开始结巴，台下名流满座，他们请他大声一点。在喝掉桌下的威士忌和啤酒之后，他终于开始信心满满地朗诵了，很优雅，带着"很重的美音"。

这本书还解释了书店1941年12月停业的事情。一天，一辆灰色的军车在莎士比亚书店前停下。一位德国军官用标准的英语要求购买橱窗里展示的《芬尼根守灵夜》（Finnegans Wake）。这本书是西尔薇娅·比琪的最后一本私人藏书。她说："这本是不卖的。"月底，军官又回来了。当他的要求再次遭到拒绝时，他威胁要把所有的书籍充公，然后愤然离去。军官的车一开走，比琪就在作家毛里斯·塞利叶（Maurice Saillet）、阿德里安娜·莫尼耶（Adrienne Monnier）（比琪的终身伴侣）和一位看门人的帮助下，把桌椅、标牌和五千本书藏到了四层楼上。莎士比亚书店在两个小时之内就消失了。

书店的读者包括艾伦·金斯伯格（Allen Ginsberg）、亨利·米勒（Henry Miller）、理查德·赖特（Richard Wright）、朗斯顿·休斯（Langston Hughes）、劳伦斯·达雷尔（Lawrence Durrell）、阿娜伊斯·宁（Anaïs Nin）、詹姆斯·琼斯（James Jones）、威廉·斯泰隆（William Styron）、雷·布拉德伯里（Ray Bradbury）、胡利奥·科塔萨尔（Julio Cortázar）、詹姆斯·鲍德温（James Baldwin）、格里高利·科尔索（Gregory Corso）、马丁·艾米斯（Martin Amis）、卡罗尔·安·达菲（Carol Ann Duffy）、保罗·奥斯特、菲利普·普尔曼（Philip Pullman）、莉迪娅·戴维斯（Lydia Davis）、查尔斯·西米（Charles Simi）、赫美斯（A. M.

Homes）、达林·施特劳斯（Darin Strauss）和法兰克·辛纳屈（Frank Sinatra）。

乔治·惠特曼非常讨厌为理发付钱，他一直都是用蜡烛烧掉太长的头发。他曾经举办过一次派对，邀请了同样害羞的塞缪尔·贝克特（Samuel Beckett）；整个晚上，两个人一直面面相觑。

"我在这里长大，在灰尘和古书破损的书脊间，所以莎士比亚书店对我来说永远意味着千万种亲切的记忆。而书店最好的地方就在于它还在日复一日地继续带给我记忆。可以是任何事情：住在这里的两名'风滚草'画了一幅画，画的是书店外面的人群在寒风中唱着迪伦的歌，用他们老掉牙的吉他伴奏；或者是作家内森·英格兰德（Nathan Englander）在这里举办他的婚礼。"——西尔薇娅·惠特曼，店主

Myrsine and Hélène Morchos, Sylvia Beach and Ernest Hemingway

莫西慕·莫尔科斯和海伦·莫尔科斯（Myrsime and Helene Morchos）、西尔薇娅·比琪、海明威

波士顿，马萨诸塞，美国
1825 年至今

# 布拉托书店
## Brattle Book Shop

　　布拉托书店的历史可以上溯至 1825 年，它的主人是鉴宝路演（Antiques Roadshow）的肯·格洛斯（Ken Gloss）。格洛斯家族从 1949 年开始就拥有这家书店。这家书店对于买书人来说太重要了，以至于**顾客**如果没法到店的话还会向书店请假。

"曾经有一个女人定期从我们这里买《圣经》来吃,这样一来她就可以把上帝的话吃进肚子里了。"

"有一次,一个顾客来找理查德·耶茨(Richard Yates)的书。当他离开之后,一位刚上岗一周的雇员告诉我:'那是塞林格,我和他女儿约过会。'"

"我印象很深刻的一次,是一个学生激动万分地大叫起来,因为他在外面的书摊上找到了一本关于椰子和便秘的书。"

"1969 年,我的父亲不得不把书店搬走,需要清仓。为了促销,我们找了辆马车,喊着'向西走'引人们来到书店。街区周边都排了长队。我们用铃声计时,给人们五分钟带走他们想要的书,然后把机会留给店里的其他人。我们一共送出了 250 000 本书。"——肯·格洛斯

马丁，斯洛伐克

1990 年至今

# 马蒂纳斯

**Martinus**

马蒂纳斯连锁书店是一对兄弟于 1990 年在斯洛伐克的马丁创立的，当时丝绒革命（the Velvet Revolution——捷克斯洛伐克的一次非暴力革命）刚刚结束。书店最初很小，后来却成为斯洛伐克最大的实体和网上书店，也是六个连锁实体书店品牌中第二大的。

他们的书店最为人称道的就是优雅的内部装潢。其中的一家书店里处处布置着向书籍致敬的趣味细节，比如艾萨克·阿西莫夫（Isaac Asimov）的"机器人三大定律"、《银河系漫游指南》（*The Hitchhiker's Guide to the Galaxy*）、《魔戒》和《哈利·波特》。

"我们有个概念叫'惊喜时刻'（WOW moments），我们把这一时刻提供给顾客。每天都有新的惊喜时刻。比如，2015 年，书店举行了一次竞赛，看谁能在书店充满巧思的巨大壁画上找到最多的与书籍相关的彩蛋（一共有 64 个）。"

伯克利，加利福尼亚，美国
1959 年至今

## 摩尔书店
Moe's Books

摩尔书店是个文化机构，在伯克利过去的披头族（Beatnik）浪潮、反越战抗议和言论自由运动中发挥了重要的作用。

"20世纪90年代初期,作为摩尔书店的员工,我的一部分工作是从庞大的小说区域找出那些卖不动的书。我是唯一主动要求担任这项工作的员工,因为我觉得这很有趣,并且我能够骄傲地宣称'我负责文学区域'。我用铅笔小心地在书里不易看到的地方——定价对面的位置——标上记号,记录这本书是什么时候上架的。六个月或者八个月之后,我们会降价。如果降了好几次价,就只剩两个选择:要么把这本书塞到楼梯下面的废弃书堆里,要么拿回家去读一读。"——乔纳森·勒瑟姆(Jonathan Lethem)

坎布里奇，马萨诸塞，美国
1927 年至今

# 格罗利尔诗歌书店
## Grolier Poetry Book Shop

　　格罗利尔诗歌书店是美国现存最古老的持续经营的诗歌书店。它的主人是尼日利亚诗人伊凡尼·门基提（Ifeanyi Menkiti）教授，他曾经在哈佛大学就读，后来在韦尔斯利学院（Wellesley College）执教四十多年。他的非营利机构格罗利尔诗歌基金会（Grolier Poetry Foundation）为知名诗人出版作品并提供资助。

门基提坐在环境优美的小书店里。我问他，最初他是怎么对诗歌产生兴趣的。他回答道："我在伯克利上大学的时候，读到了埃兹拉·庞德的《诗章》(The Cantos)。他谈到玫瑰战争时使用的韵律。《诗章第八十》：'轰隆隆，轰隆隆'。这把我带回对非洲皇家大鼓的记忆中。音乐存在于世界上的各个人类部落里，存在于民族的泪水和民族的欢乐里，好像如果不用歌曲作载体，人们就无法抒发悲伤和欢乐。我在尼日利亚长大，那里的空气中流淌着音乐。我坚信，诗歌仍然能够治愈这个世界。"

纽约市，美国

1968 年至今

# 三个女人书店
## Three Lives & Company

三个女人书店以格特鲁德·斯坦（Gertrude Stein）出版的第一部作品为名。它位于格林威治村（Greenwich Village）的街角。

书店占地 600 平方英尺，相当于公园大道上一个豪华衣帽间的面积。

"每卖出一本书，我们就必须重新整理整个书架，因为不能有书脊颜色相同的书放在一起，免得人们以为它们是一套书而买错了。"——托比·考克斯（Toby Cox），店主

普利策奖获得者迈克尔·康宁汉（Michael Cunningham）曾经说过，他希望埋葬在这家书店下面。但是当时的店主表示他们这块区域并非作此用途。

长岛，纽约，美国
1971 年至今

# 汉普顿书店
## Bookhampton

汉普顿书店是家族式书店，在纽约的东汉普顿（East Hampton）和南汉普顿（Southampton）各有一家。在它的巅峰时期，它在阿默甘西特（Amagansett）、布里奇汉普顿（Bridgehampton）和马蒂塔克（Mattituck）也有分店。这家书店和著名的卡尼奥书店（Canio's Books）一起，为出了许多文学大师的社区服务。这些文学大师包括库尔特·冯内古特（Kurt Vonnegut）、E.L. 多克特罗（E. L. Doctorow）、罗伯特·卡洛（Robert Caro）、贾森·爱泼斯坦（Jason Epstein）、乔治·普林顿（George Plimpton）、杜鲁门·卡波特（Truman Capote）和约翰·斯坦贝克（John Steinbeck）。

这是克林顿一家最喜欢的书店。它曾经面临过许多困境，频繁被出售，几易其主。但是它最辉煌的一刻是希拉里·克林顿 2014 年的签售会。当时一千多人排队，都排到了东汉普顿，来拜见可能成为未来总统的希拉里。心情激动的粉丝们在外面等了一整天，没有任何事情可以打消他们的积极性，就连特工搜身也没有影响他们的心情。

芝加哥，伊利诺伊，美国
2004 年至今

# 书窖
**Book Cellar**

书窖已经成为芝加哥文坛的重要成员。它得名于店主对书籍和酒的热爱。

"书窖将两种学究气的消遣联结起来:读书和饮酒作乐。"——希瑟·克罗塞尔(Heather Crothall),《先知者》(Harbinger)一书的作者

"书窖的橱窗里,四把非常舒适的椅子召唤着我。我当时正处于抑郁的低谷,无法高效地写作。但是,在那些豪华的椅子上,我恢复了智性的健康。我注视着行人们在昏黄的夜色中走过林肯广场。我读着《大西洋月刊》(Atlantic)编辑斯科特·施托塞尔(Scott Stossel)的《我的焦虑岁月》(My Age of Anxiety),感受到了希望。我写下有关健康的一些只言片语,由此酝酿了诗歌……有关重生的诗歌。无情的恐惧需要被治愈:一个阅读(和写作)新篇章的地方。"——卢·卡洛佐(Lou Carlozo),国家路易斯大学(National Louis University)新闻学教授

伦敦，英格兰
2011 年至今

## 水上的字书店
### Word on the Water

　　水上的字是伦敦唯一一家漂浮在水上的二手书书店。2015 年，它终于得到在国王十字区谷仓广场（King's Cross, Granary Square）抛锚的资格。这艘荷兰拖船已经有一百岁了，人们在船顶举办诗会、朗诵会和音乐活动。来访过的名人包括斯蒂芬·弗雷（Steven Fry）和拉塞尔·布兰德（Russell Brand）。

"2002年,我从哈克尼(Hackney)的蜗居里被赶了出来。那房子被拍卖了,房东付钱让我们腾房。我用分得的钱买了一艘船。这是一艘20世纪60年代的古老的诺福克郡湖泊区(Norfolk Broads)游艇,几乎要沉了。我花了大量精力来打理它。后来有一天晚上,它真的散架了。所以我买了一艘退役的警艇(从我母亲那里借了些钱)。

"我在它上面住了七年,在此期间我买了现在这艘船。我和我的朋友培迪(Paddy)一起筹划水上的宇书店的事情;我们看到这艘船正在出售,但是没有足够的钱买下它。我们问卖家,是否可以把它租下来。他转念一想,说他如果能入股的话就可以把船便宜卖给我们。所以我们各自拥有三分之一的股份。在伦敦,住在船里贵得惊人,但是仍然比住在房屋里便宜得多。" ——乔恩·普里维特(Jon Privett)船长,店主

底特律，密歇根，美国

1965 年至今

## 约翰·金二手书和珍本书书店
### John K. King Used & Rare Books

　　约翰·金二手书和珍本书书店位于密歇根的底特律，这里在 20 世纪 40 年代曾是一家手套工厂，1965 年成为书店。书店有四层楼，像迷宫一样装满了书。原来的手套标志牌仍然可见。它是美国最大的书店之一，经常出现在各种世界最美书店的排行榜上。

书店藏有《摩门之书》(Book of Mormon)的第一版,标价十万美元;还有托马斯·阿奎那的作品,1482年的威尼斯版。

书店还出售:阿尔伯特·爱因斯坦的妻子艾尔莎·爱因斯坦(Elsa Einstein)的两封信,写给爱因斯坦的情人之一,售价五千美元。

"已故的了不起的威廉·萨菲尔(William Safire)[1]最后一次来到我们的书店时,因为看书看得太入迷了,几乎错过了一次电台采访;我们不得不火速把他送到市中心去,靠闯红灯才及时赶到采访地。好在,我们开的是一辆旧的警车。"——约翰·金(John King),店主

---

[1] 美国作家、记者和总统演讲稿撰稿人,长期为《纽约时报》写作政治专栏。——编者注

金奈，印度
1974 年至今

# 巧笑书店
**Giggles**

　　书店的招牌上自豪地宣告："巧笑——最大的小书店"。它被《孤独星球》列为印度金奈不可不去的景点。这家一百平方英尺的狭小书店由纳里尼·切图尔（Nalini Chettur）经营。她在金奈的英语文学圈里很有名气。2003 年，切图尔获得了印度南部书商和出版商联合会颁发的"最佳书商奖"。

"它大概是我一直以来最喜欢的商店。最早,它位于四星级的泰姬酒店瑰丽的大厅。后来大概是发生过什么比较严重的骚乱,泰姬酒店把纳里尼赶出来了。但是没有彻底赶走,因为她有些不容小觑的粉丝。她的书店现在位于泰姬酒店停车场里的一块场地。人们进入店里并不容易;书占据了店内大部分空间——一排又一排,每天她都会选二十本左右的书来展示。这些书也在书店前面的马路边展览,可爱的店主坐在她的草坪椅上接受粉丝的膜拜。还有就是迷人的文学沙龙,一直到蚊子都出来,人们不得不逃走的时候。"

——苏珊·唐纳利(Susan Donnelly),哈佛大学出版社

纽约市，美国
1946 年至 1999 年

## 盛会图书和图片店
**Pageant Book & Print Shop**

  盛会图书和图片店位于曼哈顿的第十二街。它在 1946 年到 1999 年之间营业，后来变成了网上书店。此后，它在第四街变回了小型实体书店。

莎伦·梅斯默（Sharon Mesmer）刚刚搬到纽约市时，她径直来到这里，想找一本书，帮助她开启纽约的生活。这时的她已经在诗歌界崭露头角。

　　"在《汉娜姐妹》（Hannah and Her Sisters）里，它的样子很吸引人，它必须是我造访的第一家书店。在最偏僻的角落里，有一本书掉到我的头上：是穆尼·萨杜（Mouni Sadhu）的《自我实现之路》（Ways to Self-Realization）。我后来发现，这是一位叫——让我想想——米克兹斯洛·德米特里厄斯·苏多斯基（Mieczyslaw Demetriusz Sudowski）的波兰作家的笔名。我随便翻开了一页，看到的第一行（大写的）字就是'我们不是心灵'。我心想，嗯，虽然这本书和文学无关，但是我确信我以后会需要它。二十三年之后，当我在一次精神崩溃中终于第二次翻开它时，我发现我是对的。"——莎伦·梅斯默

布鲁克林，纽约，美国

2007 年至今

# 单词书店
## Word Bookstore

单词书店位于布鲁克林的绿点（Greenpoint），它在 2013 年有了第二个店面，位于新泽西的泽西市。

克雷格列表（Craigslist）上发布的寻人启事：

"我们在单词书店里注意到对方。我想你没有跟踪我，但是我们在公园又碰面了。你在长凳上坐在我的身边。太阳开始下山了。你在读一本薇拉·凯瑟（Willa Cather）的书，我在读爱德华·圣奥宾（Edward St. Aubyn）的书。我们的膝盖微微触碰，然后就一直安静地这样读下去。那是我从未感到过的浪漫。我知道我们都太害羞，无法对彼此开口。我现在悔不当初。和你在公园里度过的那天，我还想要无数个。一个小时后我回来了，但是你已经离开。请你找到我。"

单词书店于是当起了红娘，在推特上发布："重要消息：如果你昨天来过布鲁克林店……"

—
阿尔伯克基（Albuquerque），
新墨西哥，美国
1970 年至 1996 年
—

## 活死人书店
Living Batch Bookstore

　　菲尔·梅恩（Phil Mayne）是作家、诗人和小型出版社的热心支持者。他于 1967 年在新墨西哥州阿尔伯克基的耶鲁街开了家叫"蚂蚱"（Grasshopper）的书店，出售"垮掉的一代"等美国当代诗人的作品以及地下文学。1970 年，"蚂蚱"换了主人，变成了"活死人书店"。（"书店的名字是从哪里得来的呢？"早期的店主潘乔·埃利斯顿 [Pancho Elliston] 说："来自于艾德·多恩 [Ed Dorn] 的诗《枪手》[Gunslinger]。枪手把五加仑迷幻药注射进一个死人的身体里。死人醒过来之后，就成为了'活死人'。"）

　　在埃利斯顿之后，散文家居斯·布鲁斯代尔（Gus Blaisdell）成为书店主人，从 1976 年一直到它 1996 年平安夜关门。1978 年，书店安装了电话，1988 年，有了收银机。关于书店的早年历史，布鲁斯代尔这样说道："那时在这个州，没有同性恋、女性、政治、黑人，没有小型出版社出版的诗歌，没有严肃文学。"经常光顾书店的作家包括亨瑞·罗林斯（Henry Rollins）、艾伦·金斯伯格和玛丽·希金斯·克拉克（Mary Higgins Clark）。

"我在这里度过了我的少年时代,因为店主居斯·布鲁斯代尔是我的良师益友。有一次,我走进书店,看到墙上贴着一张海报,是关于那洛巴学院(Naropa Institute)的一场会议。在当时,人们把那洛巴和'垮掉的一代'联系在一起。包括艾伦·金斯伯格和威廉·巴勒斯(William S. Burroughs)在内的一批人都会到场。我那会儿刚刚上大学不久,还很喜欢崇拜偶像。我当时说:'天啊!我必须去那里,去看看那些人!'但是居斯站在柜台后面,他也差不多是那一代人,可能稍微年轻一点。他说:'你为什么要去看那些老家伙?你为什么不做你自己的事情?'那一刻我顿悟了。我也不知道我想从这些人那里得到什么,但是他的话真是醍醐灌顶。"——马克·马龙(Marc Maron)[1]

---

[1] 美国知名单口喜剧演员、播客、作家。——编者注

旧金山，加利福尼亚，美国
1989 年至今

# 阿多比书店
## Adobe Books

　　阿多比书店位于旧金山的教会区（Mission District）。它的网站上这样写道："不是书店。不是艺术展览馆。不是客厅。不是零售店。不是社区活动中心。不是聚会场所。没有舒适的椅子。没有社区活动桌。不举办艺术和音乐活动。不可能是世界上最好的书店之一。不是合营书店。——阿多比书籍和艺术公司，从 1989 年起就拒绝定义。"

　　2013 年，由于周边社区的飞速发展，店面的租金即将翻倍。在书店周围成长起来的艺术家群体很快发起了反击。那些曾经贫困、如今却影响力极大的艺术家们，诸如丽贝卡·苏尼特（Rebecca Solnit）和克里斯·约翰逊（Chris Johanson）共同接管了书店。

"他们举办过的最令人称奇的展览是在 2004 年，艺术家克里斯·科博（Chris Cobb）按照颜色把整个书店的书重新排列，按彩虹的颜色排开，然后还有很大一块黑白的区域。"——艺术家司各特·丝尼伯（Scott Snibbe）

在大约 15 位志愿者的帮助下，科博在一夜之间重新排列了两万本书，从周五晚上十点开始干，周六早上八点完工，没有影响正常营业。他们打印了两万四千多张小条，注明货架和层号，以便把书籍回归原位。

陶斯，新墨西哥，美国
1984 年至 2015 年

# 莫比·狄更斯书店
## Moby Dickens Bookshop

　　莫比·狄更斯书店是新墨西哥州陶斯的著名独立书店，专门出售有关西南部的珍本和绝版书。它经常为当地作家群体举办各类活动。

"没有书店的小镇是没有灵魂的。"——露西·狄龙（Lucy Dillon），《迷路的狗和孤独的心》（Lost Dogs and Lonely Hearts）一书的作者，引自莫比·狄更斯书店的网站

"抱歉回复迟了。我们一直在拼命维持书店的经营，所以我的精力被分散了。很遗憾，我们不得不在未来十五到三十天之内关闭书店。我们镇的经济状况持续走下坡路，而网上书店的强大竞争是我们继续经营的最大阻力。顾客来店的时候很开心，但是希望我们提供网上书店能提供的资源和价格，不然他们就不在这里买书。"——杰伊·摩尔（Jay Moore），店主

坎布里奇，马萨诸塞，美国
1932 年至今

# 哈佛书店
## Harvard Book Store

　　位于波士顿地区的哈佛书店创立于 1932 年，它吸引了来自全国的爱书者。

　　2009 年，哈佛书店启动了位于店内的打印机器人佩姬·古腾堡（Paige M. Gutenborg），可以在四分钟内打印出一本书。仪式的主持人 E. L. 多克特罗指出，这个机器"可能验证了那些关于纸质书籍未来的预言，文字变成了 1 和 0，出现在屏幕上。我希望机器里面的小人真的知道他在做什么"。古腾堡打印出来的第一本书是《赞美诗全书忠实英译本》(The Whole Booke of Psalmes Faithfully Translated into English Metre) 首印本的仿制品，即通常所说的《海湾圣诗》(Bay Psalm Book)。这是历史上第一本在美洲殖民地印刷的书，于 1640 年在坎布里奇印制。

"我曾在二手书部门工作……有一次，一个女人来卖一捆旧书，一张照片从其中一本书里掉出来：那是她自己的一张裸照，正在参加一次脱衣扑克游戏。她赶紧用手捂住照片，然后把它拿走，撕掉，扔进了垃圾箱——那是我们的垃圾箱。所以，可想而知，她一走我们就把照片捡出来，粘了回去。"——戴维·罗斯巴特（Davy Rothbart），《失而复得：世界上最好的被遗失、抛弃和忘却的东西》(Found: The Best Lost, Tossed, and Forgotten Items from Around the World) 一书的作者

雷克雅未克（Reykjavík），冰岛
1964 年至今

# 博金书店
## Bókin

　　Bókin 的意思是书籍。这家书店于 1964 年创立于雷克雅未克，专门出售冰岛及国际买家和博物馆喜欢的书。它被称为"纽约史传德书店的 20 世纪 50 年代版本"。

博金书店是博比·菲舍尔（Bobby Fischer）在 1972 年于冰岛战胜鲍里斯·斯帕斯基（Boris Spassky）以来最喜欢的书店。这位曾经的世界象棋冠军于 2005 年 3 月移居冰岛，并且在当地隐居。在他生命的最后时光，他患上了社交恐惧症，甚至让人们把他的邮件送到书店，而不是他在当地的公寓。他会在书店深处一待就是几个小时，有时他就在那里沉沉入睡。

纽约市，美国
1980 年至今

# 奇迹书店
## Books of Wonder

奇迹书店之所以著名，是因为它是1997年的影片《电子情书》（You've Got Mail）里书店的原型。影片的编剧诺拉·艾芙伦和迪莉娅·艾芙伦（Nora and Delia Ephron）长期以来都是书店的顾客和朋友。而梅格·瑞恩（Meg Ryan）为了给她在片中的角色做准备，特意在书店工作了一整天。1985年，奇迹书店与莫洛出版社（William Morrow and Company）建立了合作关系，出版自己的童书。书店举办的很多活动都人山人海，人们不得不站着参加。与之相关的著名作家包括J. K. 罗琳（J. K. Rowling）、马德琳·英格（Madeleine L'Engle）、莫里斯·桑达克（Maurice Sendak）和艾瑞克·卡尔（Eric Carle）。

"我的第一次图书签售就像做梦一样。举办地点在曼哈顿著名的奇迹书店,我和了不起的莱恩·史密斯(Lane Smith)[1]共用一张桌子。第一位顾客是个非常惹人喜爱的小姑娘。她紧紧地握着书,走近我,像天使一样微笑着。她凝视着我,目光里充满了崇拜和单纯的爱。突然她爸爸弯下腰对她说:'不,亲爱的,莱恩·史密斯是另外那个人。'她的微笑刹那间变成了一个飞快的、不怀好意的鬼脸,然后她迅速地赶去桌子的另一端。我对她的脸记忆犹新,仿佛她是那天唯一走近我的人,因为事实也正如此。"——莫·威廉斯(Mo Willems)

---

[1] 美国知名插画家和童书作家。——编者注

波特兰，俄勒冈，美国

1971 年至今

## 鲍威尔书店
**Powell's Books**

鲍威尔书店在俄勒冈的波特兰有五个店面。书店有 100 多万本书，店内面积有 68 000 平方英尺。每天，书店和它强大的网店都会迎来大约 8 万名顾客。

"菲利普·格拉斯（Philip Glass）[1]在这里买了一套甘地全集，到现在还没看完呢。"

——基姆·萨顿（Kim Sutton），鲍威尔书店

菲利普·格拉斯告诉我："应该是20世纪80年代早期，我们开始在波特兰排演《非暴力不合作》的时候。我花125美元买了73卷，然后花了35美元把它们寄到纽约市，这样算下来一本书大概2美元。我觉得很划算。"

[1] 美国当代作曲家。1978年至1979年以圣雄甘地的生平为蓝本，创作歌剧《非暴力不合作》。——编者注

伯利恒，宾夕法尼亚，美国
1745 年至今

# 摩拉维亚书店
## Moravian Book Shop

　　摩拉维亚书店是由伯利恒的旅馆老板塞缪尔·鲍威尔（Samuel Powell）创办的，因为伯利恒的摩拉维亚教堂的主教坚持让他创办书店，来进口和传播图书。这是世界上最古老的持续经营的书店。也有一些其他书店认领这一称号，比如贝特朗书店（Bertrand Bookshop，始于 1732 年），但是 1755 年的里斯本大地震使它不得不闭店 18 年，直到 1773 年才重新开业。德国纽伦堡的科恩和博格（Korn & Berg）始自 1531 年，一直以来如履薄冰地经营，不断更换位置和名称，最终在"二战"中被炸弹夷为平地。摩拉维亚书店也是美国最古老的书店。

　　270 多年后，这个 1.4 万平方英尺的书店在宾夕法尼亚州的阿伦敦（Allentown）扩张出了第二个店面。如今，这两个书店仍然与教堂保持着联系。

查尔斯·狄更斯的玄孙、演员杰拉德·查尔斯·狄更斯（Gerald Charles Dickens）曾经在这家书店举办的一次演出中表演了 26 个角色。这场演出的剧本是老狄更斯 1843 年的经典作品《圣诞颂歌》。

"我今天正好在摩拉维亚书店（进行图书签售）。图书采购员加内尔·洛克特（Janelle Locket）告诉人们，你在当地书店购买的每一本书都会以七种不同的方式影响经济。在这个国度，独立书店濒临灭绝，但是我认为我们可以使之重生，就像黑胶唱片、人工加油、手工鞋，诸如此类。"——格雷格·普罗普斯（Greg Proops），喜剧演员，《世界上最聪明的人》（The Smartest Man in the World）一书的作者

纽约市，美国
1920 年至 2007 年

# 哥谭书坊
## Gotham Book Mart

　　哥谭书坊是文人们和 20 世纪许多文化大亨们的会面地点。弗朗西斯·斯泰洛夫是世界上最优秀的独立书店店主之一。2008 年，宾州大学从这个书店的库存中获得了超过二十万本书的匿名捐赠。

　　书店的书架上摆放着文学大师们的作品，而他们本人也经常光顾这里：索尔·贝娄（Saul Bellow）、杜鲁门·卡波特、E. E. 卡明斯、詹姆斯·乔伊斯、诺曼·梅勒（Norman Mailer）、尤金·奥尼尔（Eugene O'Neil）、阿娜伊斯·宁、乔治·普林顿、菲利普·罗斯和塞林格等。就连该书店的员工也非常有名，包括艾伦·金斯伯格、勒罗伊·琼斯（LeRoi Jones）、阿比盖尔·福尔杰（Abigail Folger）、帕蒂·史密斯（Patti Smith），以及干了不到一天的田纳西·威廉斯（Tennessee Williams）。

"无法想象没有它的纽约会是什么样子。"
——阿瑟·米勒（Arthur Miller）

"它是每个人理想中书店的样子。"
——伍迪·艾伦（Woody Allen）

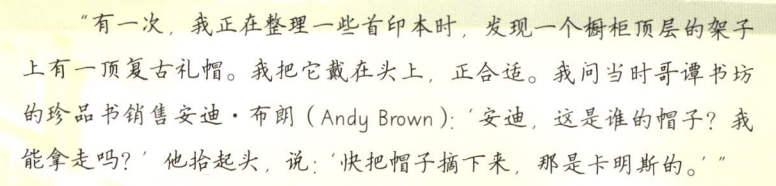

"有一次，我正在整理一些首印本时，发现一个橱柜顶层的架子上有一顶复古礼帽。我把它戴在头上，正合适。我问当时哥谭书坊的珍品书销售安迪·布朗（Andy Brown）：'安迪，这是谁的帽子？我能拿走吗？'他抬起头，说：'快把帽子摘下来，那是卡明斯的。'"

——马修·坦嫩鲍姆，《我在哥谭书坊和店主弗朗西斯·斯泰洛夫工作的日子》

"有一个雪天,我开车去《纽约客》的路上搭载了两位漂亮的徒步者,她们来自都柏林,穿着沉重的粗革皮鞋,想去看纽约。我把她们放在了哥谭书坊,之后又去与她们会合。我们坐在书店后方的地上,吃了三明治,读爱尔兰诗歌,一起干掉了六瓶啤酒(Harp Lager)。那里太舒适了。詹姆斯·乔伊斯协会正在里头那个叫什么安娜·贝拉的房间开会……爱德华·戈里(Edward Gorey)有时会在柜台后面待着……他的艺术品悬挂在他们的展览厅里……你要懂得,在那时,去书店就像去音乐会一样,是一次盛宴。"

——阿尼·莱文(Arnie Levin),《纽约客》漫画家

阿根廷
2003 年至今

## 大规模教育武器
## Weapon of Mass Instruction

　　艺术家劳尔·莱梅索夫（Raul Lemesoff）在 1979 年把一辆带炮塔的福特猎鹰（Ford Falcon）改造成了一个活动坦克书店，可以运载 900 多本书。他的第一辆和平坦克名叫"大规模教育武器"，它曾在美国云游。

　　2004 年，他又制造了第二辆和平坦克，可以运载 2 500 多本书。它在阿根廷的布宜诺斯艾利斯到处旅行，给大街上的人们免费发放书籍。坦克书店的书籍来自于公众捐赠。

　　2010 年，他受命在荷兰海牙修建第三辆大规模教育武器坦克。

"有型的文化。(Culture in Sculpture.)"
——芬尔·莱梅索夫,艺术家

西雅图，华盛顿，美国
1973 年至今

## 艾略特海湾书局
**Elliott Bay Book Company**

艾略特海湾书局是家族经营的独立书店，它能让大出版社把作家派到西部和西北部。

"比尔·克林顿乘坐着豪华轿车来到书店，后面跟着一大群便衣。他在书店待了45分钟，读了每个区域的书，和所有顾客打招呼。我记得他还和一对来自法国的夫妻打了招呼。

"他说他最喜欢做的事情就是在周日去杜鲁门走廊（Truman porch）读书。"——特蕾西·泰勒（Tracy Taylor），总经理

南佛罗里达,美国

1982 年至今

# 书籍和书籍
## Books & Books

书籍和书籍是三家独立书店的总称,分别位于科勒尔·盖布尔斯(Coral Gables)、迈阿密海滩和巴尔港(Bal Harbour)。此外,还有几家附属书店位于南佛罗里达,每个月都会举办六十多场活动。

"有一天晚上,我正要关门,突然我的书商乔治·亨利·基恩(George Henry Keen)拍了拍我的肩膀,说出以下魔咒:'保罗·麦卡特尼(Paul McCartney)需要你帮忙找些小说。'我带着他(和他怀孕的妻子以及两位保镖)参观了书店,他对狄更斯的作品最感兴趣。他追忆了他大学时代读过的企鹅版书籍,还给我讲了一位对他影响极大的文学教授的故事。"——米切尔·卡普兰(Mitchell Kaplan),店主

尤宁，康涅狄格，美国
1985 年至今

## 旅行者餐厅——食物和书籍
## Traveler Restaurant — Food and Books

　　旅行者餐厅位于康涅狄格州和马萨诸塞州交界之处的 1-84 高速公路旁。它已经赠予用餐者超过两百万本书。人们用餐之后可以从餐厅-书店带走任意三本书。

"最近，比尔·默瑞（Bill Murray）在这里伴着音乐跳过舞。来过这里的名人包括罗伯特·陆德伦（Robert Ludlum）、罗宾·摩尔（Robin Moore）、布鲁斯·斯普林斯汀（Bruce Springsteen）……现在，每当有豪华轿车驶来，我们就想，这回又是哪位名人？大多数时候，只是豪华轿车司机需要休息一下。"——阿特·默多克（Art Murdock），店主

# 二〇〇一书店
## Zweitausendeins

法兰克福，德国
1969 年至今

  开业于 1969 年的二〇〇一书店曾经在德国的出版界扮演过重要的角色，销售新书、绝版书和音乐。在政治领域它也同样重要，是当地某些反主流文化信息的独家发布者。

  德国曾经有很多实体书店，但是从 1974 年以来，它们大多变成了邮购书店，使用廉价的每月购书清单小册子，称作"莫克杂志"（Merkheft）。

"每份莫克杂志的最后一页都有来自索丝蜜儿女士（Frau Susemihl）的一小段话，她是为二〇〇一书店工作的一位女士。三十年来，他们都采用了她的同一张照片，以至于每个人都在猜测她是真人还是虚构人物。事实上，她确实是真实存在的，不过在1997年的时候，她以90岁的高龄去世了，那时她刚刚退休不久。二〇〇一书店是我少年时代的传奇之一，里面的书籍都便宜得惊人，让青少年们可以买到许多他们原本无力购买的书籍。然而，价格并非二〇〇一书店的唯一魅力，它的魅力还出自那些革命的、抗议的、嬉皮士的、流行的、哲学的、性别革命的、女权主义的和环保主义的内容，由此满足了青少年们的需求。"——米夏埃尔·赖希林（Michael Reichling）教授，奥斯纳布吕克大学

芝加哥，伊利诺伊，美国
1990 年至今

## 近视眼书店
**Myopic Books**

近视眼书店是芝加哥最大的二手书书店之一，它有三层楼，容纳了七万多本书。

"近视眼书店有很多二手书,也是全世界书店中规矩最多的。许多人都不敢进去。他们是书店中的'汤纳粹'(Seinfeld Soup Nazi)[1]。"——不愿具名的当地顾客

他们不回复我的邮件和电话,所以我亲自去了这家芝加哥书店,去了两次(注意,我住在纽约市)。仍然没有人和我说话。真没办法,这只是更让我觉得他们与众不同,就像读高中时那个不愿意跟你说话的女孩儿。

---

[1] 出自美国系列喜剧《宋飞正传》(*Seinfeld*)第七季第六集,"汤纳粹"是剧中一个人物的外号,这个人物对顾客有着过分严格的要求。——译者注

## 圣马克书店
**St. Mark's Bookstore**

东村，纽约市，美国
1977 年到 2016 年

圣马克书店是 1977 年在纽约市东村开业的。此后，它在当地搬迁过四次，最终于 2016 年彻底关闭。

"麦当娜和肖恩·潘（Sean Penn）一起进来，后者经常在这里买布科夫斯基（Bukowski）的书。我没有注意到他们，只是在想，那个女人头发的金色有些与众不同。然后她转过身来，是麦当娜。我们前台的人曾经是一个俱乐部的门卫，所以他认得她。他对麦当娜提到，展示台上的一本摄影书里面有她的照片。但是他找不到那张照片。她说：'当一个男人把我的兴趣全勾起来，然后却不满足我时，我很气呢。'肖恩·潘的眼睛里都要喷火了。"

——特里·麦科伊（Terry McCoy），店主

新奥尔良，路易斯安那，美国
1980 年至今

# 花园区书店
## Garden District Book Shop

花园区书店位于新奥尔良美丽的花园区的历史遗迹溜冰场（the Rink）里。

[1] 美国当代恐怖小说家，以"吸血鬼编年史"系列闻名。——编者注

一次，安妮·赖斯[1]有一场图书签售，她坐在骡子拉的灵车里，由爵士送葬队送过来。她从紧闭的棺材里出来，突然出现在书店里。

## 讲故事书店
**Tell a Story**

这辆古旧的货车构成了书店。它擅长展示当地葡萄牙语作家作品的英文译本，有些是书店自己出版的，并且还为之制造了基于葡萄牙语作家笔迹的可供下载的字体。

"葡萄牙拥有与生俱来的写作天赋……（我们是）一家不知道如何待在原地的书店。"

——多明戈斯·克鲁兹（Domingos Cruz），店主

布朗维尔，内布拉斯加，美国
1969 年至今

# 古物陈列馆书店
## The Antiquarium Bookstore

　　古物陈列馆书店是美国为数不多的"书镇"之一。书镇即拥有大量二手书或者古旧书书店的乡村小镇，它们吸引很多书籍爱好者，并经常举办文学节。其他的书镇包括得州的阿彻城（Archer City）、明尼苏达的斯蒂尔沃特（Stillwater）和纽约的霍巴特（Hobart）。

"我最喜欢的是他们的热情好客。书店店主在我心里是传奇人物……有点超然世外,有点飘逸,不合时宜地追求绅士精神……他改变了我对这个国家中部人士的印象。他非常和蔼、慷慨且思想深邃。我在这个书店睡过两次,和我的旅伴们(我当时的男友们)一起蜷在过道里。我犹记得书架在我们上方高悬,就像高楼大厦。我记得,当时我觉得书籍就是带领我们走向其他人、其他时代和其他生命的地图。我也在别的书店睡过——我在巴黎的莎士比亚书店过过夜,也在西雅图的雌蕊书店(Pistil Books)打过盹。但是唯有在古物陈列馆书店,我才感受到亚历山大图书馆的意味:证据和线索的沉淀。"

——艾米·哈洛兰(Amy Halloran),《新面包篮子》(*The New Bread Basket*)一书的作者

纳什维尔，田纳西，美国

2011 年至今

# 帕纳萨斯书店

## Parnassus Books

  帕纳萨斯书店是田纳西州纳什维尔的一家独立书店，由凯伦·海耶斯（Karen Hayes）和畅销书作家安·帕契特（Ann Patchett）共同所有。

  帕纳萨斯书店里有一架钢琴，还出版一份文学杂志。2016 年，他们在 eBay 上从佐治亚州一所图书馆买了一辆货车，开了一家流动书店。该书店与中小学、大学、商业机构和非营利机构合作赞助的文学系列吸引了很多重要作家来到这座城市，比如多丽丝·肯斯·古德温（Doris Kearns Goodwin）、唐娜·塔特（Donna Tartt）和卡罗琳·肯尼迪（Caroline Kennedy）。书店还合作承办一年一度的"纳什维尔读书节"（Nashville Reads），整座城市的人们都会阅读同一本书。

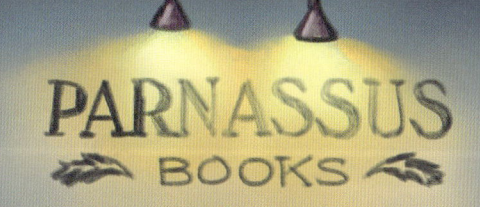

"我对零售没有兴趣;我对开书店没有兴趣。但我也对居住在没有书店的城市没有兴趣。"

——安·帕契特,她曾经在《科尔伯特报告》(*The Colbert Report*)中发表著名的言论,强调独立机构的价值

纽约市，美国
1978 年至今

# 禁忌星球
## Forbidden Planet

　　禁忌星球是世界上最大的科幻小说和漫画书的销售商之一，它从 1978 年就开始营业，如今在全世界有三十家书店。最初的书店开在伦敦，如今那里有九个分店，而最大的旗舰店则是城市的地标。纽约市的书店是该市唯一的分店，它是科幻文学重要的据点，也是一个旅游景点。

"克莱夫·巴克（Clive Barker）来宣传他的影片《猛鬼追魂》（Hellraiser）时，街头的一个朋克小孩用刀割开自己的胳膊，让巴克用他的血为他签名。巴克同意了，用笔蘸了孩子胳膊上滴下来的血签了名。许多年以后，巴克回到书店参加一场活动，被问及是否还记得那个怪小孩。他回答道：'记得，他现在是个住在加利福尼亚的正经人——我们现在是朋友。'"——杰夫·埃尔斯（Jeff Ayers），经理

波尔图，葡萄牙
1869 年至今

# 莱罗书店
## Livraria Lello

最初，书店开在邻近的街区，在数次搬迁后于 1906 年搬到了现在的地点。由泽维尔·伊斯特韦斯（Xavier Esteves）设计的莱罗书店仍然是世界上最美的书店之一。建筑的正面是新哥特（neo-Gothic）风格的杰出代表，内部装潢则具有新艺术运动（Art Nouveau）的特点，有雕花木板、拱门、圆柱、彩色玻璃天花板和玻璃书架，还有一架螺旋形的、延伸了整个书店的楼梯。

据说，这架楼梯为 J. K. 罗琳的《哈利·波特》中著名的可移动楼梯提供了灵感。这部分内容是罗琳1991 年至 1993 年间在波尔图当英语教师时写作的。柱子上装饰着黄铜的浅浮雕，刻画着葡萄牙文学中的人物形象。窗户上方挂着何塞·比尔曼（José Bielman）的人物肖像画。

坎布里奇，马萨诸塞，美国
1976 年至 2005 年

## 华兹华斯书店
**Wordsworth Books**

　　坎布里奇的华兹华斯书店在图书销售领域的现代化进程中发挥了革新的作用。它发明的基于计算机的书目系统，至今仍为书店所使用。

店主希莱尔·斯塔维斯（Hillel Stavis）向我讲述了他记忆里的两次挑战："艾德（Ed）有躁郁症，而且很糟糕的是，他散发着某种腐臭的味道。他在我们的楼梯下面住了二十年，在一些寒冷的夜晚，他就住在书店里面。员工们为他提供食物和鞋子。我可以这样说，这对生意并不总是好事情，但我们确实这样做了。"

"还有就是萨尔曼·拉什迪（Salman Rushdie）[1]有一次要来华兹华斯书店演讲，但是由于被下达了追杀裁决令，他不得不东躲西藏。于是，我们组织了一次讨论会，讨论这次教令，还有出版商和书商维护他的作品的责任，以及出售他的作品会面临的报复。拉什迪后来不再躲藏的时候，真的回来朗诵他的作品了。"

---

[1] 印度裔英国作家。1989年因其小说《撒旦诗篇》遭伊朗精神领袖霍梅尼下达宗教裁决令（fatwa）。——编者注

纽约市，美国

1979 年至 1998 年

# 春街书店
## Spring Street Books

纽约市的春街书店在 1984 年之前都叫作"新晨书店"。书店的主人汤姆·福卡德（Tom Forcade）是一位记者、激进分子，也是《鼎盛时期》（*High Times*）杂志的创始人。

曾经的经理、如今的全职诗人罗恩·科尔姆说，书店的常客包括斯普尔丁·格雷（Spalding Gray）、阿特·斯皮格曼（Art Spiegelman）、大卫·拜恩（David Byrne）、苏珊·桑塔格（Susan Sontag）（"人非常好"）、乔·杰克森（Joe Jackson）（"非常高；从来没有人认出他来"）、麦当娜、琼·杰特（Joan Jett）、拉里·克莱默（Larry Kramer）、劳丽·安德逊（Laurie Anderson）、布莱恩·伊诺（Brian Eno）、比利·爱多（Billy Idol）、瑟斯顿·摩尔（Thurston Moore），以及图里·库普弗贝格（Tuli Kupferberg）。"凯西·阿克（Kathy Acker）常常使用我们仅有的一部电话，一用就是几个小时。我们没法订书，什么都没法预订，直到她离开。但是我们很喜欢她……有一次我在柜台后面和大卫·乔韩森（David Johansen）一起读一期《朋克杂志》（Punk Magazine）。他乐坏了，还在上面给我签了名……我当经理那会儿，艾伦·金斯伯格来朗诵作品，之后我们都去了春街酒吧，想要听他讲狂野的性爱和著名垮掉派诗人的故事。但是艾伦讲的全是关于他每本书挣了多少钱的事情。我喝醉了，离开了，失望至极。"

中国
2002 年至今

# 老书虫
## The Bookworm

老书虫集大众图书馆、酒吧、餐厅和活动场所于一体，在北京、苏州和成都有五个分店。它被《孤独星球》评为世界上最好的书店之一。从 2006 年起，它一直在举办"中国老书虫文学节"，邀请艺术家、作家、表演艺术家和思想家参加。2015 年，它成立了老书虫出版社，用中文和外文出版当代中国杰出的虚构及非虚构作品。老书虫还出版一份文学刊物《麻辣》(*MaLa*)来弘扬中国文化。

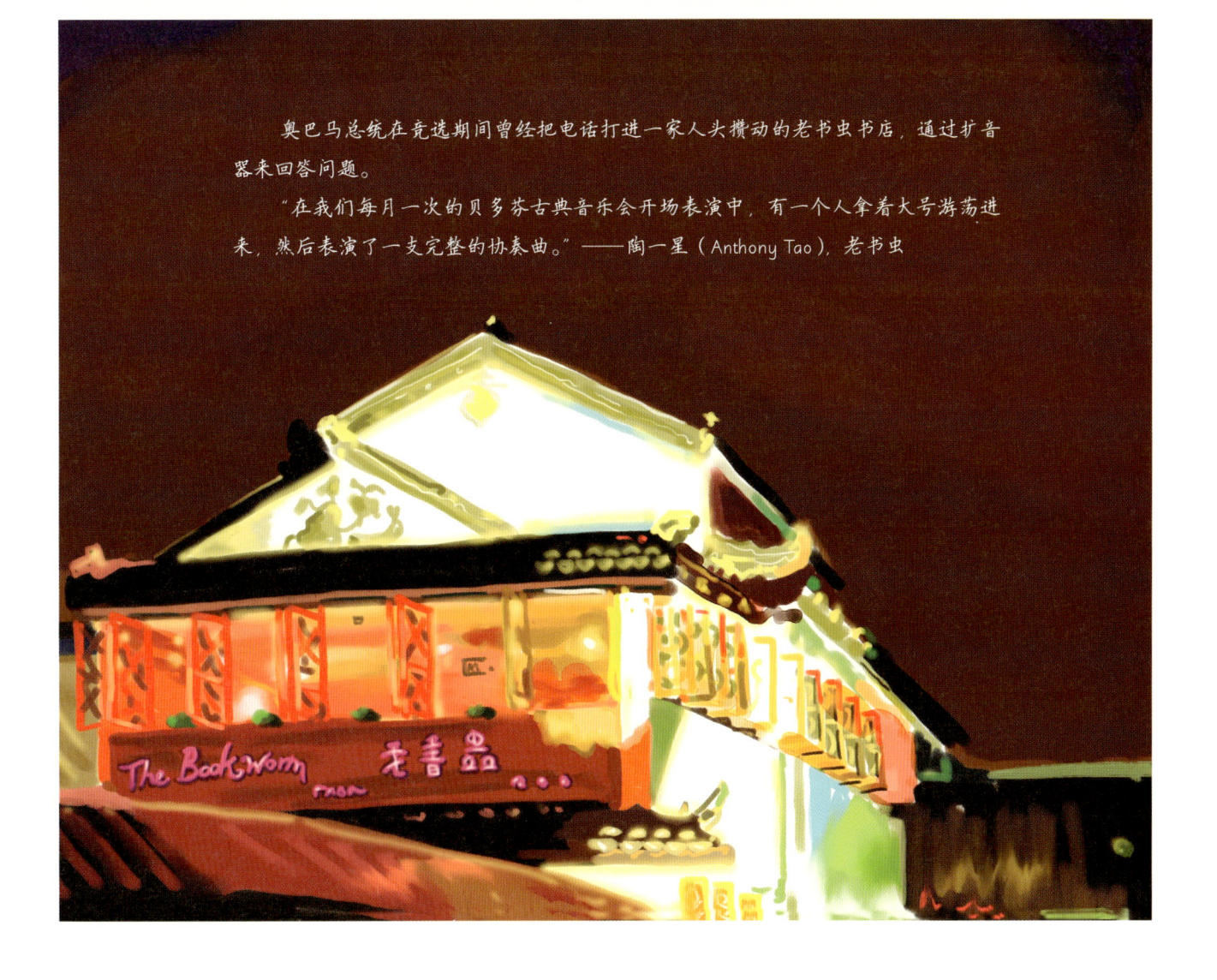

奥巴马总统在竞选期间曾经把电话打进一家人头攒动的老书虫书店，通过扩音器来回答问题。

"在我们每月一次的贝多芬古典音乐会开场表演中，有一个人拿着大号游荡进来，然后表演了一支完整的协奏曲。"——陶一星（Anthony Tao），老书虫

伦敦，英格兰
1797 年至今

# 哈查兹书店
**Hatchards**

皮卡迪利的哈查兹书店是英国最具贵族气质的书店，是女王陛下的书店。两个世纪以来，它一直在同一座建筑里销售书籍。光临过书店的人包括前总理本杰明·迪斯雷利（Benjamin Disraeli）、奥斯卡·王尔德和拜伦。

"我最开心的书店时刻是在皮卡迪利的哈查兹书店（女王陛下在打烊之后来这里买书，并且享受皇室优惠）见到了我的偶像德克·博加德（Dirk Bogarde）。博加德当时在这里签售其自传《被闪电击中的驭者》（A Postillion Struck by Lightening）的第一卷，我激动坏了。他看起来完美无瑕，西装革履，仿佛刚刚从莉莉安娜·卡瓦尼（Liliana Cavani）的电影《午夜守门人》（The Night Porter）里的柜台后面走出来。他的温莎式领结是我所见过最完美的。

"我厚着脸皮让他在我的《德克·博加德的电影》（The Films of Dirk Bogarde）上签了名。当时还有另一个朋克摇滚乐手安迪·沃伦（Andy Warren）在那里，我后来请他来'亚当和蚂蚁'（Adam and the Ants）当贝斯手。多年以后，当我同样签售我的自传《站立和表达》（Stand & Deliver）时，我仍记得德克的礼数，力图把每一个签名的时刻变得像他给我的那一刻一样。"——亚当·安特（Adam Ant），朋克音乐人

纽约市，美国
2004 年至今

# 麦克纳利·杰克逊
## McNally Jackson

　　麦克纳利·杰克逊是曼哈顿最大的独立书店之一，面积七千平方英尺。

"卢·里德（Lou Reed）[1]向我们要一枚硬币去打开卫生间的门锁。他问我们究竟为什么那里要设置一个投币的锁。一位员工解释道，这是因为有人会把垃圾冲到下水道里。他说：'你想象不出人们会往马桶里冲什么东西。'卢说：'相信我，我想象得出来。'"——萨拉·麦克纳利（Sarah McNally），店主

[1] 美国摇滚乐歌手与吉他手，地下丝绒乐团于1965年到1973年间的成员之一。——译者注

费城，宾夕法尼亚，美国
1973 年至今

# 乔万尼的房间
## Giovanni's Room

　　乔万尼的房间是美国营业时间最长的同性恋书店。曾经的店主爱德·赫曼斯（Ed Hermance）和艾林·奥尔山（Arleen Olshan）于 1979 年购买了书店所在的房子，并得到了一百多人的帮助，义务帮助修缮这座建筑物。20 世纪 80 年代到 90 年代中期，乔万尼都是美国最大的同性恋图书发行商，为 17 个不同国家的 88 家书店服务。

　　爱德·赫曼斯解释道，书店终究不会仅仅是书店："无法盈利……但是好玩得很……如果说真的有社区书店存在，那么这就是了。同性恋社区为自己创造了这个书店。"赫曼斯 2014 年退休，书店由"菲力艾滋病资援"（Philly AIDS Thrift）接手。这是一个非营利机构，书店所有的收益都会捐给帮助艾滋病人的机构。

赫曼斯印象最深刻的一次售书经历是把一本叫《同性恋修女》(Lesbian Nuns)的书卖给梵蒂冈图书馆。

"最初十五年间，我们的橱窗偶尔会被打碎，而总出人意料的是，这些橱窗都是在深夜被打碎的，"赫曼斯回忆道，"类似的事情也发生在人们在街角等红灯的时候。灯变绿的那一刻，他们用最大的声音喊着'死基佬！'，然后驶走。你会想，到底谁才是'娘炮'？那些在凌晨三点扔砖头的人和那些一边驶远一边尖叫的人，这就是他们能对我们做的最糟糕的事情了？"

瓦伊河畔海伊，威尔士

1961 年至今

# 理查德·布斯书店

## Richard Booth's Bookshop

　　理查德·布斯书店始于 1961 年，当时布斯在威尔士的瓦伊河畔海伊购买了一些房子——包括村里主干道上的商店、旧的消防局、电影院、一个维多利亚时代的贫民习艺所和一座摇摇欲坠的诺曼城堡——然后把它们都变成了书店。这位牛津大学的毕业生开启了"书镇运动"（Booktown Movement）。到 20 世纪 70 年代时，瓦伊河畔海伊有 100 万本书和 38 个二手书书店，其"书籍之镇"的美名享誉世界。今天，全世界有 60 多个书镇，从韩国到美国明尼苏达的斯蒂尔沃特。如今瓦伊河畔海伊拥有约 12 个书店，而理查德·布斯于 2005 年卖掉了已经成为欧洲最大二手书书店的理查德·布斯书店，在镇里开了一家新书店，叫作"海伊之王"（King of Hay）。每年六月的海伊文学节都会吸引成千上万的游客，以及一些举世闻名的文学家。

理查德·布斯雇用了海伊最强壮的男人，然后走访了美国一些即将倒闭的图书馆，把图书用集装箱船运回来。他成为了世界上最大的二手书书店的店主。1977年，理查德·布斯宣布自己是国王，而海伊是一个独立的王国。他自称"书心王理查"（King Richard Coeur de Livre），把自己的马称为总理。2004年，理查德·布斯获得了英国帝国勋章。2009年，他在大笑声中被海伊的居民们"砍了头"。"造反的农民们"砍的是填充体造的假人。

瓦伊河畔海伊
到处都有诚信书箱，人们可以从户外的书箱里取书，并留下书款。

布加勒斯特，罗马尼亚
2007 年至今

# 安东尼·弗罗斯特英文书店
## Anthony Frost English Bookshop

　　安东尼·弗罗斯特英文书店是三位对英语有着同样热爱的友人开办的。这是罗马尼亚布加勒斯特第二古老的全英文书店（最古老的是鹦鹉螺［Nautilus］，于 1998 年开办）。

"有一对小两口第一次偶遇就是在这里。他们当时想要买同一本书,但是只有一本。几年后他们又回到这里的时候已经是夫妻了。"

——弗拉德·尼古列斯库(Vlad Niculescu),店主

"在不用教课的一天,我偶然路过这家书店。我和店主弗拉德聊了一个小时。他热情又和气。结果我买的书是原计划的三倍。大部分书都得邮寄回美国(太沉了!)。我离开书店时,注意到了一段喷漆涂鸦文字:'如果你觉得生活是美好的,就在这里吐口水。'"——哈利·布里斯(Harry Bliss),《纽约客》漫画家

奥哈伊，加利福尼亚，美国
1964 年至今

# 巴特书店
## Bart's Books

　　美国最大的室外独立书店位于加利福尼亚州奥哈伊的马提利亚街和加拿大街的街角。巴特书店一开始是私人藏书，由于藏书数量太大了，书架只好被放在人行道上，旁边放着咖啡罐便于顾客放钱。从那时起，20 世纪 60 年代的住宅就变成了书店，出售各个层次的书籍，包括珍本书、绝版初版书和价值上千美元的艺术书。房子的两个车库和宽敞的露台也放满了书架，容纳了十万多本二手书。而放在室外售卖的书籍仍使用诚信系统。

　　自从保罗·纽曼（Paul Newman）和乔安妮·伍德沃德（Joanne Woodward）来这里找《哈克贝利·费恩历险记》的某个旧版本之后，书店就开始使用客人签到簿。

巴特书店是许多电视纪录片的主角。人们曾经从街对面的车里秘密拍摄书店，看人们的诚实程度有多高，没有人在旁边的时候是否会付钱。下班后，人们有的开车来，有的骑车来，有的骑马来，有的走路来。很少有人不付钱。曾经的店主之一加里·施利克特（Gary Schlicter）表示，夜间购书者"往往使用车辆的前灯或者手电筒来辨识书名和翻阅书籍"。

纽约市，美国
2003 年至今

# 192 书店
## 192 Books

　　192 书店 2003 年在纽约市的第十大道 192 号开业。它的主人和"馆长"是艺术商宝拉·库珀（Paula Cooper）。

普鲁斯特的《在斯万家那边》(Swann's Way)的一百年纪念时,书店举办了这本书的 24 小时朗诵活动。《纽约客》的亚当·戈普尼德(Adam Gopnik)和传记家安卡·穆勒斯坦(Anka Muhlstein)做了导读。最开始的部分由诗人—批评家韦恩·克斯坦鲍姆(Wayne Koestenbaum)朗诵。凌晨,伊桑·霍克(Ethan Hawke)走了进来,还穿着他刚刚在《克莱夫》(Clive)剧中的装扮,也加入朗诵。其他朗诵者还包括迈克尔·康宁汉(Michael Cunningham)和劳丽·安德森(Laurie Anderson)。有两位读者一直没走,全程听完了 24 小时的朗诵。

芝加哥，伊利诺伊，美国
1963 年至今

# 芭芭拉书店

**Barbara's Bookstore**

　　芭芭拉书店是由一位叫芭芭拉的女子创立的，但是大约两年之后她就和书店再无关联。它是位于芝加哥的一系列书店，在波士顿也有一个卫星书店。它过去在费城、纽约和明尼阿波利斯都有分店。

　　威利斯大厦（Willis Tower）的芭芭拉书店位于地下室里，店里的两把椅子有时为那些因为恐高而不敢跟随同伴一起登上大厦顶端的人们提供庇护。有一次，一位老人在椅子上一动不动地坐了太久，以至于书店经理（前喜剧演员瑞克·克特巴［Rick Kotrba］）担心他去世了，于是他使劲儿关上了旁边的一扇门（他很高兴地看到老人一跃而起）。克特巴的人生观非常独特："书商担负着上帝赋予的使命。基于他们每天感受到的灵感的强度，他们为人们提供的服务有不同的等级，从治愈走进门的每个人，到只是给他们带来快乐，到只是卖给他们书。"

"1983年2月：21岁的我正在威尔斯街的芭芭拉书店翻阅基思·约翰斯通（Keith Johnstone）有关即兴表演的重要著作《即兴》（Impro）。一个胡子拉碴的男人走进来，和女员工开始聊天。她管他叫'德尔'（Del）。我找机会问她，他是不是著名的小品导演德尔·克洛斯（Del Close）。他是。我问他我可不可以采访他。他说：'可以。'我的人生由此改变。另外，我买下了基思的书，同样让我受益匪浅。"——鲍勃·奥登科克（Bob Odenkirk），演员、制片人、喜剧家

位于芝加哥旧城区威尔斯街的第一家芭芭拉书店。

芭芭拉书店经理瑞克·克特巴的回忆：

"一位中年妇女要我一本关于恐龙的书。我给她看了一本，她回答说：'这些插图不错，但只是绘画而已。我想要一本有真恐龙照片的。'我不知道怎样跟她说破，恐龙时代与照相机的发明之间，隔着太漫长的岁月了。"

"一位顾客告诉书店，以后有必要挂一个标识：'舔了的书必须买'。"

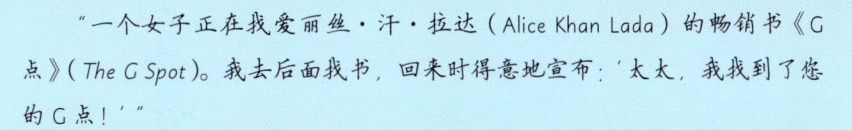

"一个女子正在找爱丽丝·汗·拉达（Alice Khan Lada）的畅销书《G点》（The G Spot）。我去后面找书，回来时得意地宣布：'太太，我找到了您的G点！'"

"还有一次，我去后面找大卫·萨达里斯（David Sadaris）的《赤裸》（Naked），然后忘记了是给谁找的。我就对着一群女子问道：'你们当中谁想要赤裸来着？'"

"我发现管理一家书店其实和拥有一档我自己的电视节目非常相似。我是主持人。我有来宾，我们有好玩的对话。缺少的仅仅是摄像机而已。"

温哥华岛，加拿大

1963 年至今

# 门罗书店
## Munro's Books

门罗书店最新的地点位于一座 1909 年的新古典主义建筑里，这座建筑曾经获得文化遗产奖，最初是由托马斯·霍珀（Thomas Hooper）为加拿大皇家银行设计的。

1963 年，吉姆·门罗和艾丽斯·门罗开了一家逼仄的平装书书店。吉姆说，他当时的妻子艾丽斯在店里值班时受到了启发，决定开始写作："有一天，她生气了，她说'我可以写出比这个更好的书'。她确实可以。毫无疑问。"门罗夫妇后来在 1972 年分道扬镳，艾丽斯·门罗后来获得了 2013 年的诺贝尔文学奖，以及曼布克奖。在当了五十多年店主之后，吉姆·门罗于 2014 年退休，把书店交给了他的四个员工。

"有一次一只乌鸦飞进了书店,然后住了下来。这件事经过当地报纸报道,吸引了很多人来看乌鸦,我们生意兴隆。我们试图用食物诱惑它,动用了大梯子,动物管理机构的人和一位鸟类专家都来看它,但是乌鸦就是不肯下来——我们的屋顶大约 24 英尺高。

"最终,乌鸦累了,就任由自己被抓住了。"——杰西卡·沃克(Jessica Walker),店主

新奥尔良，路易斯安那，美国
1990 年至今

# 福克纳故居书店
## Faulkner House Books

路易斯安那新奥尔良的福克纳故居书店每年会举办福克纳协会的节日，"文字与音乐"（Words & Music），以及国际文学竞赛"威廉·福克纳–智慧创意写作竞赛"（The William Faulkner-Wisdom Creative Writing Competition），两者都是非营利性质的。

密西西比人威廉·福克纳在海盗巷（Pirate's Alley）624 号写作了《士兵的报酬》（Soldier's Pay）。这个他曾经居住的地方，正是今天的福克纳故居书店。

"我曾经住在新奥尔良，做着能偶尔挣点钱的任何工作。我认识了舍伍德·安德森（Sherwood Anderson）。我们下午在城里散步，和人们聊天。晚上，我们又碰面，喝一两杯酒，他说，我听。上午我从来不会见到他。他与世隔绝地工作。第二天，我们又重复前日。我决定，如果这就是作家的生活的话，那么成为作家是我想做的事情。所以我开始写我的第一本书。

"立刻，我就发现写作很有趣。我甚至忘记我已经有三周没有见到安德森先生了，直到他走进我的家门，这是有史以来他第一次来找我。他说：'出什么事了？我惹你生气了吗？'我告诉他我在写一本书。他说：'天啊！'然后就走了出去。当我写完那本书——《士兵的报酬》，我在街头遇见了安德森夫人。她问我书写得怎么样了。我说我写完了。她说：'舍伍德说他要和你做一个交易。如果他可以不用读你的手稿，他就让他的出版社接受它。'我说：'成交。'就这样，我成为了一个作家。"——威廉·福克纳，《巴黎评论》，纽约市对谈，1956 年

夏洛茨维尔，弗吉尼亚，美国
1975 年至今

# 代达罗斯书店
## Daedalus Bookshop

　　代达罗斯书店的主人桑迪·麦克亚当斯（Sandy McAdams）曾经在纽约长岛西安普敦的一间仓房里经营书店。1974 年，有一个人——主动地——给他寄了弗吉尼亚的夏洛茨维尔一座在售房屋的照片。他喜欢照片里的房子，就把所有的书装进了一辆货车里，义无反顾地驶向了弗吉尼亚。如今，代达罗斯书店拥有超过 10 万本二手书。

　　2001 年，桑迪被诊断出多发性硬化症。现在他借助自动轮椅行动。"也许有一两家别的书店像我们一样，但不会太多，并且它们都快倒闭了。如果我不是自己做房东的话，我们也会如此。"

收购了这座房屋之后，店主桑迪·麦克亚当斯自己修了所有的书架，做了所有的泥匠活，把三层楼的书上了架，还把店里的内容绘制成了地图。"在楼下的酒吧里，我们每天晚上都有音乐演奏。我们还办了一份报纸，《夏洛茨维尔时报》。那些日子我真是精力旺盛。"

当被问到他最开心的一刻时，他说："当劳伦斯·弗林盖蒂（Lawrence Ferlinghetti）走进门时，我说遇见他很荣幸。这位伟大的诗人回答道：'不，来到这里我很荣幸。'"

艾柏迪，苏格兰
2005 年至今

# 水磨坊书店
## The Watermill Bookshop

水磨坊书店位于苏格兰佩思郡高地一个废弃的水磨坊里，它拥有苏格兰高地数量最多的书。2009 年，在"零售书商奖"（Bookseller Retail Awards）评选中，它被选为英国年度独立书店。

当被问到他印象最深刻的书店经历时，蒙提·派森[1]（Monty Python）的迈克尔·帕林（Michael Palin）说，那是他在苏格兰乡下为水磨坊书店开张的时候："完美的结合。我最喜欢的伦敦肯特镇的书店主人搬迁到了苏格兰最美的乡下，决定把一个古老的磨坊改造成书店。店主凯文（Kevin）叫我为书店开张。我目睹了他扑到水轮上宣告书店开业的一幕。我一度认为书店生意会极度惨淡，结果却是大获成功。沃尔特·司各特（Walter Scott）[2]再也不是爱书者去苏格兰的唯一理由。"

[1] 英国六人喜剧团体。——译者注
[2] 18世纪末苏格兰著名历史小说家、诗人。——译者注

威尼斯，意大利
2005 年至今

# 涨潮图书馆
## Libreria Acqua Alta

　　涨潮图书馆位于圣母玛利亚巷（Calle Lunga Santa Maria Formosa），它的大门直接对着当地的运河。它出售海报、明信片、艺术品，以及上千本多语种的二手书和新书。它自称"世界上最美丽的书店"，这很难驳倒。由于威尼斯经常发洪水，大部分二手书和新书都存放在澡盆、木桶、独木舟和书店内一个巨大的贡多拉里——它们时常漂在水中。

在 2015 年 2 月的一次洪水中，顾客们站在两尺深的水里浏览书籍。许多被水浸过的书籍，比如巨大而古旧的百科全书，都不再出售，而是有了新的用途，比如当作家具、墙壁，甚至一个独特的楼梯的阶梯。

"刚进门的地方有一个色情区域……其实可以不要的。"

——一位不愿具名的顾客

# 火畔书店
**Fireside Books**

帕尔默，阿拉斯加，美国
2001 年至今

　　火畔书店位于阿拉斯加的农业小镇帕尔默。一开始，经营书店的初衷是为了给举行诗歌朗诵会找个理由。它如今是出售新书和二手书的正规书店。

"2001年秋天，阿拉斯加帕尔默一家店门口出现了一个招牌：

书店即将开业

我开车驶过的时候，会放慢车速，从窗户往里偷看。几周之内，我看到人们堆起纸箱，拆箱，安装空的木架。在我的记忆里，我从未对我家乡的任何事物感到如此兴奋。但即使我当时无比期待它的开业，也从未想到过这个小书店会对我的命运产生怎样的改变。店主大卫·奇钦（David Cheezem）和梅丽莎·贝恩克（Melissa Behnke）是最早读到《雪孩》（The Snow Child）的人，当时这本书尚未出版。2012年2月，他们为我的新书举办了发布会。从那时起，毫无疑问，他们售出的《雪孩》比世界上任何其他书店都多。大卫当众开玩笑说《雪孩》去年在经济上拯救了火畔书店。我希望这是真的。但这与我欠他们的情相比，简直是九牛一毛。"——伊文·艾维（Eowyn Ivey），畅销书作家，获得2013年PNBA奖[1]《雪孩》一书的作者

---

[1] Pacific Northwest Booksellers Association：太平洋西北部书商联合会。——译者注

巴黎，法国
20 世纪 80 年代中期至今

# 现代一瞥
## Un Regard Moderne

现代一瞥书店拥有上千本书，大多数是艺术和通俗文化书籍。书店两个狭窄的房间只能同时容纳四到五个人。许多人把它亲切地称为"地球上最了不起的书店"，它的顾客包括从威廉·巴勒斯到音速青年（Sonic Youth）的各色人等。

"现代一瞥是国际反主流文化的圣殿。"——秘境舆情网站（Atlas Obscura）

"很容易就走过了。即便现在,我明明知道它的位置,却总是看不见它,除非格外努力地寻找。我上次进去是 2007 年,过道里只能容下一个人。那时我的作品已经引发了很大的关注。《并置》(Juxtapoz)为我做了非常友好的专访。有一堆书的最上面恰好放着这一期杂志。这是我压根儿没想到的!用这种方式出现在这家书店里,简直就像美梦成了真。这里像是一个圣地,而我仿佛成了受膏者。"——珍妮·哈特(Jenny Hart),艺术家

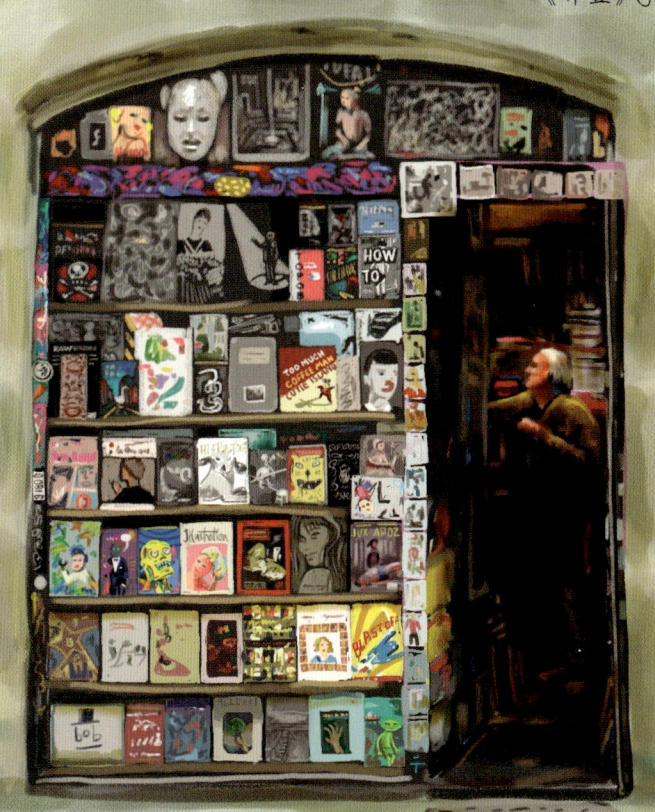

"这是我去过的最见鬼的地方。你根本看不见它,直到它出现在你面前。当我和著名的店主雅克·诺埃尔(Jacques Noel)说话并开始谈到你的书时,他立刻变得冷冰冰的,说:'我不复存在了。'他为什么不复存在了,我一头雾水。"——艾伦·斯通(Allen Stone),作家

布鲁克林，纽约，美国
2007 年至今

# 绿灯书店
## Greenlight Bookstore

2007 年，在布鲁克林格林堡社区居民的要求下，绿灯书店开业了。店主从当地的一次创业比赛中赢得了一万五千美元的大奖，作为经营的资本。2014 年，他们创立了一小时绿灯书店广播。2016 年，他们开了第二家店，位于布鲁克林的展望-莱弗茨花园（Prospect-Lefferts Gardens）。

"一天,一个年轻女子拿了两本詹妮弗·伊根(Jennifer Egan)的书,问我们她该读哪本。我们推荐了《望着我》(Look at Me),然后建议她:'如果你想要签名的话,她人就在你旁边,而且人很好哦。'

一个女人在柜台边告诉我们的一个书商:'五年之前,我的书都从网上买,但是现在我在网上买够了。'"

——丽贝卡·费丁(Rebecca Fitting),绿灯书店

果阿，印度
2006 年至今

# 文人书店
## Literati Bookshop

　　文人书店坐落于印度果阿市一个有着百年历史的老房子里，它同时也是咖啡厅。在季风期间，原本在户外举行的艺术展、电影放映、意大利式百乐餐、摄影展和作家朗诵会都会搬进室内。店主迪维娅·卡普尔（Diviya Kapur）原本是一位律师，为了实现自己拥有带咖啡厅的书店的梦想而改行。文人书店在2014年被"出版未来行业奖"评为年度书店。如今，它与"必读客"（Bebook）合作，为弱势儿童提供流动图书馆。

"这是一种休憩。当你坐在有着高高天花板的凉爽房间里时,他们会为你从街对面点一杯橙汁苏打水,你就坐在自己选出的一堆书中看书。有一天我正在这么做,有人倚着沙发问了我一个老掉牙的问题:'我是不是认识你?'跳跃式地回忆了一会儿,我们想了起来。那是1990年代,我们在一场纽约的派对上见过。"——艾琳·安特曼(Ilene Antelman),顾客

"文人书店的奥秘就在于它远不止是书店。如果说它是家之外的又一个家,也不太合适,因为它总是充满惊喜——如果你幸运的话还能看见蛇。"——阿米塔夫·戈什(Amitav Ghosh),《玻璃宫殿》(The Glass Palace)一书的作者

洛杉矶，加利福尼亚，美国
2005 年至今

## 最后的书店
### The Last Bookstore

最后的书店是世界上最大的独立书店之一，拥有超过 25 万本新书、二手书和珍本书。它的后厅有 10 万本书，售价均为 1 美元。去往后厅的通道完全是由一元书搭建起来的。这个地方原本是一个银行，地下金库如今成了阅览室。

"当时我在最后的书店,在书箱、书通道、书拱门、书柱子和旋转着不知通往何处的书本构成的巨大迷宫里徘徊。

"这犹如经历了暂时的精神错乱,而我希望永远不要清醒过来。

"'一本好书比一个装满了珍稀货币和宝石原石的保险柜更加珍贵。'有人说。于是我醒来了。"

——乔·弗兰克(Joe Frank),广播艺术家

## 杂 记

1. "很多年前,帕蒂·马克斯(Patty Marx)、简·马丁(Jane Martin)和我在一家书店为我们合写的童书《现在大家真的讨厌我》(Now Everybody Really Hates Me)做宣传。在问答环节,一个怪怪的女人站了起来,指着我们说:'我敢说你们当中没有人相信上帝。还有,你们都很丑。'书店的人把她赶走了。我猜想她是个经常出现在各种活动上的知名流浪者,但这次不知怎么让她钻了空子。"

——罗兹·查斯特(Roz Chast),《纽约客》漫画家,《我们不能说点开心的事情吗?》(Can't We Talk About Something More Pleasant?)一书的作者

2. "那个女人坐在第一排,穿着皮大衣。当时是8月。为了宣传同一本书(《现在大家真的讨厌我》),简和我去了波士顿一所小学。一个孩子问了我们一个我有史以来听过的最好的问题:'你们俩住得相隔几英寸远?'另外一个小孩得知我们住在纽约后,问我们是否认识他住在纽约的祖母。我们不认识。他又问我们是否认识斯特恩一家。我们不认识。最后,他问:'你们谁都不认识吗?'"

——帕特丽夏·马克斯(Patricia Marx),幽默作家,《让我们别这么愚蠢》(Let's Be Less Stupid)一书的作者

3. "帕蒂·史密斯在1970年代曾经短暂地和我一起在史传德书店工作过。有一次,她在屋顶上为阿蒂尔·兰波的诞辰举办一场朗诵会。有个人给了她一张詹姆斯·乔伊斯朗诵《芬尼根守灵夜》的黑胶唱片。'因为他们告诉我,我长得像詹姆斯·乔伊斯。'她把唱片带回书店,给了我,因为

她知道我喜欢乔伊斯,'也因为我长得一点也不像他。真是胡扯。你留着吧'。"

——罗恩·科尔姆,诗人

---

4."当我们宣布尤·奈斯博(Jo Nesbø)要来布拉迪斯拉发时,人们像摇滚明星要来了一样激动。他的粉丝都疯狂了,媒体用了最大的篇幅来报道这件事。我们找了人群管理和安全专家来判断书店最多容纳多少人,结论是五百人左右。为了保证公平,我们在网上分拨放票,结果77秒之内,所有票一售而空。此前我们从未见过奈斯博先生,所以在这样的热潮之下我觉得如果他非常傲慢也不足为奇。但事实上他非常可亲,不知疲倦地回答一切问题,给人们签名,微笑着合影。他是巴塞罗那足球俱乐部的铁杆粉丝,那天这个球队正在打欧洲冠军联赛半决赛。所以我们和他的粉丝们一起,在书店播放了比赛的实况转播。他看着他们三比零打败拜仁慕尼黑,进入了决赛。"

——米哈尔·布拉特(Michal Brat),马蒂纳斯书店经理

5."莎士比亚书店的主人是一个叫乔治·惠特曼的人,人好得出奇。后来他在98岁上下的高龄去世了。他会让年轻作家们在书店过夜,只要他们给书店打工来交换。人们可以在书店午夜关门之后,睡在店里到处都有的床和沙发上。有一天早上,我一觉醒来,发现我床上睡的另一个人是我大学室友的女朋友。"

——戴维·罗斯(David S. Rose),藏书家

---

6."经常在阿多比书店引人围观的奇人中,最著名的是红人(Red Man),又称魅力王子(Prince Charm)。他每天把脸和裸露在外的身体部分涂成红色,并且有着我所听过的最奇怪的世界观。我们为他策划了一次演出,安排艺术家在演出时为他画像。"

——克里斯汀·谢尔兹(Christine Shields),经理

---

7."我印象最深刻的书店经历发生在科勒尔·盖布尔斯的'书籍和书籍',那是一家美丽的书店。我的合著者

里德利·皮尔森（Ridley Pearson）和我正在给一屋子小孩朗诵《彼得和朗顿的秘密》(Peter and the Secret of Rundoon)。那段刚好在讲一条吃人的大蛇。书店主人米切尔·卡普兰在事先没有告诉我们的情况下，找人拿来了一条九十磅沉、十英尺长的白化缅甸蟒，挂到我们的肩上。蛇缠在了我们身上，我们努力继续朗诵，假装觉得很有趣。其实我们并不觉得有趣，却很后悔没有多带几条内裤。"

——戴夫·巴里（Dave Barry）

8. "当时我要在我们当地的书院书店办一场读书会，便想做点什么与众不同的事情。我联系了一个在马戏团表演的女人。她的技能包括肚子上放着一块煤渣砖躺在钉子床上，然后让人用大锤把煤块砸碎。我们以前合作过，我用过那大锤子。不过她这回没空。她建议我找扔刀手特洛蒂尼（Throwdini），他也是一名兼职拉比。于是他来到了书院，当着两百个人的面——书店当时满员了——朝着我扔刀子，而我也信赖他。我不知道自己为什么信赖他，但我活了下来。我一直双眼紧闭，向上帝祈祷，虽然我是不可知论者。两年之后，2011年，我在我当时创作的一部电视剧里重现了这个场景。这是一部半自传作品。在书院里，扮演乔纳森·埃姆斯（Jonathan Ames）的演员任由特洛蒂尼朝他扔刀。这一次，他扔的是假刀。"

——乔纳森·埃姆斯

9. "有一次书店搞活动，来的人太少了，我干脆就带大家吃晚饭去了。"

——鲍勃·曼考夫（Bob Mankoff），《纽约客》漫画编辑，《永不怎么样，永不对你来说方便吗？——漫画里的人生》(How About Never—Is Never Good for You?: My Life in Cartoons)一书的作者

10. "我那时在写一部非虚构叙事作品，写了很久了。故事发生在战争期间的匈牙利，在大平原上一个遥远的村庄。一天晚上，我做了一个梦，一个令人筋疲力尽的

梦，梦见我开着车在布达佩斯和匈牙利的其他地方到处跑，寻找什么东西，但是我不知道我在找什么。第二天，我开车带朋友去斯洛伐克的布拉迪斯拉发。他去赴约，我就去了一家新书店（至少对我来说是新书店）。我直奔英语区，这个区域的内容通常非常有限，而且往往全是企鹅经典丛书。这回倒不是。我看到的第一本书是久拉·克鲁迪（Gyula Krúdy）的《人生如梦》（*Life Is a Dream*）。克鲁迪的名字对你们毫无意义，但他是匈牙利最著名的作家之一（一位杰出的作家）。就仿佛我前夜梦里开车的经历把我引到了这里。克鲁迪写的就是战争期间村庄里的生活。那是书店里唯一一本英文的克鲁迪作品，而且只有一本。这就好像一个征兆，意味着我也许正朝着正确的方向前进，尽管我的确感觉我在漫无目的地到处乱逛。"

——佩蒂·麦克拉肯（Patti McCracken）

11. "我去芭芭拉书店当经理之前，曾经在一个连锁书店工作。《哈利·波特》第七部马上要发布了，很快书店就会人山人海。书店后面的书箱上都标着很大的红色警告标识，禁止人们在第二天早上之前开箱。我的书店经理是个铁杆书粉，她让我去打开了一个箱子——她向我解释她并非要提前读书，但是急于知道哈利有没有死，无法等到第二天了。所以我很快地浏览了书最后的内容，然后得出了'皆大欢喜'的结论。我告诉老板，他没事。她舒了一口气。那天晚上，坐在地铁上，我有了一种奇妙的感觉，我可能是芝加哥唯一一个知道哈利是生是死的人。"

——瑞克·克特巴

12. "一个妓女接近我，问我想不想挣二十美元——真是意外的转折。我要做的只是去参加一个派对，显得有点艺术范儿，还可以随便吃点薯条、喝点啤酒。在那次派对上，他们雇的民歌歌手很不错。离开派对时，我在电梯上告诉他：'你挺特别的。'两年后，我在书店橱窗里的一张专辑封面上认出了他的面孔——鲍勃·迪伦。"

——阿尼·列文，专业披头族，《纽约客》漫画家

13."我画的第一个书店是旅行者餐厅。这无形中为全书定下了基调。我和店主们聊了很久,在绘画上花的时间比我想象的长得多。我去了那里很多次,可以和大家分享两条经验:(1)楼下的书更好,需要付钱;(2)如果你带着鳕鱼和蛤蜊去的话,一定不会失望的。"

——鲍勃·埃克斯坦

14."母亲和妹妹从伦敦来访时,我开车带她们去了汉普顿书店,因为她们听说这是个值得去的地方。我们在主街上喝了咖啡后,碰见一位叫珍妮的女士。她问我是否记得多年前我们曾有过一次谈话,谈的是她正打算写的一本书。那本书是对畅销书的戏谑,叫《规则》(The Rules)。她确实出版了一本书:《拥有生活,再拥有男人》(Get a Life, Then Get a Man)。她一下子就喜欢上了我母亲,说要给她一本(我不知道这是为什么,因为我母亲无论在那时还是现在都婚姻美满)。于是我们一起进了咫尺之遥的书店。我们正站在那儿等珍妮去取书时,我突然看到一个'白衣幻影'走了进来。我告诉母亲不要张望,汤姆·沃尔夫进来了。自从读过《虚荣的篝火》(The Bonfire of the Vanities),母亲和我都是他的铁杆书粉。当然,她立刻就转过身去了。珍妮回来时,母亲也立刻告诉了她。珍妮说:'汤姆·沃尔夫?我认识他。'然后她就走到他面前,说:'汤姆,你好,我是珍妮。我们曾经在某某的鸡尾酒会上见过……'母亲和我入迷地看着沃尔夫先生,沉浸在对他更深的爱里。他显然根本想不起来这个女人是谁,只是说:'噢,珍妮,当然了,再见到你很高兴。''我写了本书。'她接着说,并把一本书塞到他手里,把我母亲叫过去,也给了她一本。她指着出纳的桌子,说了句让我永生难忘的话:'汤姆……玛丽……去那边付钱就好了。'沃尔夫先生是真正的南方绅士,他谢过了她,然后去付钱。我母亲也照做了。几分钟后,珍妮跑过来,对他们两个说:'来,我来给你们签名。'但是到了这个时候,母亲已经让快乐冲昏了头脑,她告诉我,她快开心死了,因为刚才她有机会站在汤姆·沃尔夫身边,还和他会心一笑:他们二人都永远不会读这本书。"

——蒂娜·西姆斯(Tina Simms),**顾客,汉普顿书店**

15. "我就想跟你讲讲我们在二〇〇一书店的音乐会。"艾琳·科明斯基-克朗姆（Aline Kominsky-Crumb）说。2003年，她和丈夫（漫画家罗伯特·克朗姆［Robert Crumb］）以及他们的女儿一起，在汉堡这家书店表演过爵士乐。"那简直是一个噩梦！我没有练习好，我也不是专业音乐家。德国观众离我们很近，像看实验室小动物一样盯着我们。我完全傻眼了，我女儿索菲不得不帮我掩盖。回家后我把我的小提琴送人了，而且再也没有公开表演过，我这辈子都不会了！我喜欢听杰出的音乐，我的丈夫和女儿都是很好的演出家，都令我钦佩。"

16. "如果你不把它们（一批新出版的罗伯特·路易斯·史蒂文森书信）寄给我，让我的史蒂文森小书更丰满的话，我会变成像老虎一样咆哮的响尾蛇去找你，在今后的十八年里，我都会把蜘蛛放进你的茶里！所以记住了！你谦卑的，罗亚尔·科蒂索斯（Royal Cortissoz）。"
—— 《纽约论坛报》（New York Tribune）艺术批评家，1911年6月13日写给雷·萨福德（Ray Safford）的信，后者是斯克里布纳书店的零售主管

17. "我很喜欢你正在做的事情，当然也愿意参与其中。我把我的秘密告诉你吧。我几乎从来不进书店。我们每天都会收到成箱的书。我在办公室、家和工作室都被书包围着。书、书、书，到处都是书。所以我不去书店找更多的书。除了做节目必须读的书以外，我也没有时间去读别的书。因为我总是得为了做节目而读书。当我真的走进书店时，我会觉得内疚，仿佛所有的书都在对我大喊：'采访我的作者吧！她会是一个很好的嘉宾，而且更多的人就会买我了。'"
—— 国家公共电台（NPR）的特里·葛罗斯（Terry Gross）

18. "我十二三岁的时候经常去新墨西哥阿尔伯克基的达尔顿（B. Dalton）书店，它位于以洛克菲勒（Winthrop Rockefeller）命名的温洛克（Winrock）购物中心。我会

去那里的幽默区，他们有一本书叫《地下漫画史》(*A History of Underground Comics*)，是马克·詹姆斯·埃斯特伦博士（Mark James Estren, PhD）写的。那本书里画了两个人在太空漂浮，就像群星一样，他们在性交，通过性联合在一起。我想我在此之前从未了解万物融通的意义，只有在那家书店的那本书里才第一次感受到。我后来经常去看那本书，因为里面有大量的性，我会坐在过道里，勃起，手淫，学习关于性的一切。"

——马克·马龙

---

19. "正当莫里西（Morrissey）独自在史传德书店翻书的时候，一个老太太突然摔倒了。他把她洒了一地的东西捡起来，问她是否需要水和援助。她整理好她的东西，在离开前感激地碰了碰莫里西的脸颊，并不知道这位善良的英国人是谁。"

---

20. "为了抢先兵役一步，我跑到了旧金山，给自己服了迷幻药，让医生证实了我的精神病病史，鉴定我精神不太正常，无法服兵役……抵达旧金山后——那是1966年6月——我找了一位大学时代的朋友，他正在城市之光书店工作。城市之光有着左岸洞穴般的另类氛围，地下室里简陋的书架，有些是用装橙子的框做的，快要散架的咖啡桌和读书的椅子。在城市之光工作是一种私密的特权。店主是一位持异见的诗人-出版商劳伦斯·弗林盖蒂，那时他偶尔还会出现在柜台后面。"

——扬·赫曼（Jan Herman），编辑、出版商，《我的地下文学冒险》(*My Adventures in Fugitive Literature*) 一书的作者

---

21. "1988年，我刚刚来到纽约时非常迷恋二手书书店。我不去俱乐部、酒吧和饭店，因为我去不起。二手书书店不收门票，而它们又充满了这座城市文学和文化的过去，充满浪漫气息……史传德书店是最著名的，也是最大的。但是对我来说有点太大了，我总是迷路，当然也有不迷路的时候。我更喜欢二层的珍本书房间，我用了

一年左右才发现这个地方。它有独立的入口,要坐电梯才能到达。在那里有各种宝贝,有亲切感,有宁静的时光……1990年代早期,在巴诺书店(Barnes & Noble)[1]的冲击下,很多独立书店都倒闭了。最让我心碎的就是洛克菲勒中心的纽约城书店的倒闭。这是个独一无二的书店,前无古人后无来者。它只卖关于纽约城的书籍。在我心里,那是纽约最浪漫的书店。我会在那儿痴迷地看WPA纽约指南的首印本,看E. B. 怀特(E. B. White)、约瑟夫·米歇尔(Joseph Mitchell)等人写的纽约研究。人们似乎已经完全忘却了这家书店。它是有魔力的。那是纯粹的纽约事物。如今,它的所在地是一家J. Crew服装店。我记得那时我有了写一部咖啡桌读物的念头,写纽约市所有消失了的重要书店,从20世纪初期写起。我当时为此振奋不已。我把这个念头告诉了一个朋友,另一位记者。他不看好,认为这个题目也许值得写成一篇长文,但不是一本书。我记得自己当时非常生气,再也不想做他的朋友。我的确再也没有见过他。"

——罗伯特·西蒙森(Robert Simonson),"迷失之城"(Lost City)创始人,《纽约客》作家

22. "哥谭书坊的二楼有一个艺术展览馆,我那时经常在它后面的一个小圆桌上吃午餐三明治。有一天,安迪·布朗在苏富比(Sotheby)拍卖行待了一上午,回来后他走到我身边,看了看我的三明治,然后让我去洗手,他要给我看一个好东西。那是D. H. 劳伦斯一部未出版的小说《努恩先生》(Mr. Noon)。在他检阅了我的双手之后,我打开了本子,看到清晰而工整的、用孔雀蓝墨水写的非常小的字迹:劳伦斯的《努恩先生》的终稿。安迪为他的一个顾客买下了这个本子,我记得十年之后这本书才出版。那时我已经有了自己的书店,我订购了很多册这部小说。虽然一本都没有卖掉,但我始终为拿过这本书感到非常荣幸。"

——马修·坦嫩鲍姆

---

[1] 美国最大的实体书店,也是全球第二大的网上书店。——译者注

23. "有一次,一位知名作家的朗诵会结束后,在问答环节,后排一个男人站起来说:'我是一名心脏外科医生,马上要退休了。我想写一部小说。你有什么建议给我吗?'作家不假思索地回应道:'真巧啊!我马上要写我的最后一部小说了,然后我想试试心脏外科手术。有什么建议吗?'"

——米切尔·卡普兰,"书籍和书籍"店主

24. "一天,我走过东四街的时候得到了一个惊喜。一个很小的店面门口,人行道上摆着印刷图片,店面的招牌上写着'盛会'(PAGEANT),字母是熟悉的蓝色。真的吗?还真是。这家店五年以来都只在网上销售,现在重新开业了,只卖图片,不卖书。再次见到它我觉得很开心,立刻走了进去。几乎同一瞬间,我就想起来为什么我过去逛'盛会'的次数不如其他二手书书店多。柜台后面的女人有着长长的、深红色的卷发——我认出她是旧时的店主。我和她搭讪。这还是那家'盛会'吗?她等着,没有微笑,等着我吞吞吐吐地说完我的问题。这问题原本不用这么长、这么勉强,如果她能点个头或者怎么样。她最终咕哝着说了个'是'。'你来这里多久了?'我问道。'我大概早上 10:30 到的。'她回答道。真是喜剧演员啊。'我的意思是,书店什么时候开张的?''大概一年半之前吧。'还是没有微笑。我努力保持愉快,说:'我很高兴重新找到了你们。''我不认为我走丢过。'她拉长声音说。我记得这个。曾位于东九街的'盛会'是纽约图书界最不友好、最爱挖苦人的。"

——罗伯特·西蒙森,"迷失之城"创始人,《纽约客》作家

25. "卡莉·西蒙(Carly Simon)竟然想把她手上那本杰基·罗宾森(Jackie Robinson)[1] 传记卖给我。这本书上有他的孀妇的亲笔签名,还有她对西蒙出版家族的致谢,后者在 1955 年夏天让他的家人在他们康涅狄格州

---

[1] 美国职棒大联盟第一位非裔美国人球员。1955 年,其家人在康涅狄格州郊区寻购房产时因社区种族主义受阻,得到西蒙一家帮助。——编者注

的家里住了一年半，那时别人都不愿接受他们。"

——知名书商

---

26. "我年轻时曾经为弗朗西斯·斯泰洛夫的哥谭书坊工作。她第一次看到我包书的时候说：'你完全不懂审美。'后来她转变了观点。我和她一起去92Y文化中心，在读书会上卖书，诗人玛丽安·莫尔（Marianne Moore）经常和我们一起打车去。我也曾给艾伦·金斯伯格送过书。的确，他有时赤裸着来开门。有一次，书店里的一个人要和我一起去。他挺'骇人'的（我当时18岁）。后来我才知道，他是《温特里酒店诗选》(The Hotel Wentley Poems)的作者约翰·威恩斯（John Wieners），是我那时很崇拜的作家。"

——亨利·温菲尔德（Henry Weinfeld）教授，圣母大学

---

27. "大约有十年，约翰·格里森姆每年都会来举办图书签售。1990年代初期，有一段时间我们还没开始限制参加人数时，队伍会排出门外，一直排到街区那头。有一次活动中途，我们接到了一个男人打来的电话，问我们书还有没有——他排在队伍末尾，从一个街区以外的付费电话打来。格里森姆先生从座位上站起来，拿了一本书匆匆走出去给那位先生。"

——科里·梅斯勒，伯克的书店店主

---

28. "1990年代早期，我用了四年时间走遍了从南卡罗来纳到新罕布什尔的所有二手书店，为了搜寻史蒂夫·马丁（Steve Martin）的《残忍的鞋子》(Cruel Shoes)。那些年我大概买了四十多册这本书，然后到处送人。这主要是因为我觉得它是有史以来最棒的东西，也是因为它是我希望自己有朝一日能写出来的那种作品。现在我离这个理想还很远，但是至少我的书里有图画！"

——马特·迪菲（Matt Diffee），《纽约客》漫画家，《给聪明而有魅力的人看的手绘笑话》(Hand Drawn Jokes for Smart Attractive People)一书的作者

29. "1996年，我在道奇维尔（Dodgeville）的天涯书店（Lands' End）获得了一份工作。这也是我得以认识加里森·凯勒的原因。包括广告文案撰稿人、艺术指导在内的很多'创意人士'都住在麦迪逊，但是我们决定在道奇维尔买一座房子，这是一个只有两千多人口的很小的农场小镇。我们买的房子很小，都是砖头砌的，但非常别具一格。过去住在那里的女人还拥有一家书店，我想是在爱荷华的迪比克（Dubuque）。她关闭了书店，把所有的书都卖给了罗西妮·巴尔（Roseanne Barr）和汤姆·阿诺德（Tom Arnold），他们那时正在爱荷华修建巨大的房子，买了上千本书来填满它，由此营造出一对有学养、读书多且富得流油的夫妻的表象。讽刺的是，他们还没来得及住进房子里就分手了。而那栋房子太大了，没有私人能买下它。后来这房子就成了某种公共空间，可能是个养老中心之类的地方。我完全不知道那些书后来怎样了。"

——迈克尔·肖（Michael Shaw），《纽约客》漫画家

30. 在劳伦·芭拉姿-罗格斯蒂德（Lauren Baratz-Logsted）决定当作家之前，她曾经为康涅狄格州西点军校的克莱恩书店（Klein's）工作。"那里的老板鼓励员工把书带回家去阅读，这无疑会吓坏我们的许多顾客，倘若他们知道他们购买的书被别人读过的话。但是如果不这样，我们又怎么能告诉他们一本书是不是像评论说的那么好呢？而有着每周读五本书习惯的我，那时只是个刚开始工作的零售员。我的薪水是没法买得起那么多书的。在许多方面，克莱恩书店都给我带来启迪，为我提供了比任何学校都更为深刻而震撼人心的教育。曾经有一天，一名女子戴着墨镜走进来，墨镜下涕泪横流。'给我一本好书就行。'她需要一本书将她带离暗礁。所以我给了她奥利芙·安·伯恩斯（Olive Ann Burns）的《冷樟树》（*Cold Sassy Tree*）。我没有尝试去描绘它，只是把它放进了她的手里。一周后，她回到书店，这次没有戴墨镜。'谢谢你救了我的命。'她说道，然后告诉了我她遭遇的所有事情。我只能说，她真的经历了很多。"

31. "纽约客书店有着反战书店的声名。我们在纽约客剧院上方,百老汇街靠近八十九街的地方。有一天,警察来到书店,因为书店出售罗伯特·克朗姆的《扎普四号》(*Zap #4*),那里面涉及乱伦……母亲和儿子在一起……不对,是父亲和儿子在一起?……还是和女儿……还是每个人都和每个人在一起,诸如此类……我不确定。不管怎样,他们要逮捕人,所以他们带走了我们的员工,一个越南老兵。(1969年,克朗姆的《乔·布娄》[Joe Blow]因为涉淫而在纽约市和其他地区引发了一系列逮捕。)出人意料的是,哥谭书坊组织了一次抗议活动,通过集会来施压,要求释放我们的员工。我们想让罗伯特·克朗姆也出席,但他坚称自己不参与政治。"

——沃伦·米勒(Warren Miller),曾经的书店店主,《纽约客》知名漫画家

32. "在我刚刚开始写作,出版了第一本书的时候,纽约州卡托纳(Katonah)的小书店'书虫'(The Bookworm)把它放在了橱窗里。我认为他们甚至不知道我是谁,但是他们那样做了。之后,这本书在橱窗里待了很久,当我的写作进行得不顺利时,我会走过那橱窗去看看它,这样我才知道我真的在这个世界上存在。"

——罗萨纳·罗宾逊(Roxana Robinson),《斯巴达》(*Sparta*)一书的作者

33. "布宜诺斯艾利斯有一家很棒的书店,卖的大部分是英文书,它对于旅居阿根廷的外国人来说是某种根据地。几年前,我去那里买了一些非常有趣的用英语翻译的西班牙语作品,包括凯特·萧邦(Kate Chopin)一部极富启迪性的短篇小说的对译。我还买了一本西班牙语动词导论。这是一本二手书,里面夹了它从前的主人留下的一张纸。纸的顶端有美国国际开发署(USAID)的标识,上面写了很丰富的笔记,记载了这位美国国际开发署职员的喜怒哀乐。"

——大卫·艾格斯(Dave Eggers)

34. "1971年1月,我的第一部绘本《黄黄》(Yellow Yellow)刚刚出版。故事内容是我在库珀联合学院(Cooper Union)的同学弗兰克·阿施(Frank Asch)写的,我画的画。当时我和我的朋友迪米特里(Dimitri)一起,去第五大道五十六街的双日书店(Doubleday Bookstore)看他们是否有这本书。他们果然有,还把它很显眼地挂在墙上!我们拿了一本来翻看。我高兴坏了。然后迪米特里偶然间抬起头,看到一个有胡子的男人站在旁边。'你是个名人。'迪米特里说道,他一点也不胆怯,把他自己、我和我的书都介绍给了他。那个男人是吉姆·汉森(Jim Henson)。他翻阅了《黄黄》,非常喜欢,决定买下来。他给了我他的名片,说:'保持联系。'我照做了。我每次出版新书,都会给他寄一本。所以据我所知,他的孩子们都是看着我的书长大的。我还去他创造芝麻街布偶的房子里拜访过他一次。他人非常好。"

——马克·艾伦·施坦密蒂(Mark Alan Stamaty),《谁要甜甜圈?》(Who Needs Donuts?)一书的作者

35. "几年前,约翰·肖利(John Scioli)很好心地采购了我的(两本)著作。一天,我在庭院街(Court Street)散步时,很高兴地看到其中一本被很显眼地摆在社区书店(Community Bookstore)的橱窗里。然而,几天过去了,几周过去了,我注意到书的封面(那是一本平装书)在热气、湿气、暴晒和约翰片刻不歇的烟熏之下开始缓慢但是笃定地卷曲了。最后,封面可怕地完全卷曲了,非常难看。而且人们无法看出是哪本书了,这也许是件好事。我曾希望约翰会注意到——他怎么可能注意不到呢——然后纠正这一局面。但是他并没有。最终,有一天,我走进了那个黑暗且烟雾缭绕的书店。书籍、杂志和各种散页印刷品在前台堆积得如此之高,以至于我只能看到约翰的头顶。'约翰,'我说道,'你看能不能把橱窗里我的书换一本新的呢?换成一本封面没有全部卷起来的?'我看到他的头顶朝橱窗旋转过去。橱窗和他之间隔着小山一般的书籍、唱片专辑,以及(不知道为何)儿童玩具。'如果可以的话,我会的。'他说。再没有下文了。"

——尼克·唐斯(Nick Downes),漫画家

36. "我把与名人有关的东西都挂在卫生间里，比如杰基·肯尼迪（Jackie O.）的信、我与玛伦·斯塔普莱顿（Maureen Stapleton）和保罗·纽曼的合影。有一天，我听到一位顾客从卫生间出来。'老天，我从来没有料到我的照片会挂在你的马桶上面。'詹姆斯·泰勒（James Taylor）大笑着说。"

——马修·坦嫩鲍姆

---

37. "还有一次，我服用迷幻药后去鲍威尔书店买艾伦·金斯伯格的一本诗集。我们应该聊聊。"

——库尔特·奥普莱特（Kurt Opprecht），作家

38. 哈佛书店曾举办过一次独特的摄影活动。西格蒙德·弗洛伊德的侄孙女、作家安妮·伯奈斯（Anne Bernays）和她的丈夫、普利策奖得主贾斯汀·卡普兰（Justin Kaplan）接到了坎布里奇社区电视台的一个电话——"问我们能不能为一个裸体日历当模特。他们试图在坎布里奇找许多名人来拍，还承诺一定会拍得很有'品位'……他们周日早上七点钟就开拍，以避免被人偷窥，在大概一个半小时里拍了四五卷胶卷……那是我迄今为止参与过最令人尴尬的拍摄。但如果有机会重选一次的话，我大概还是会拍吧。"

# 致 谢

首先我要感谢《纽约客》的编辑迈克尔·阿格尔（Michael Agger），他给我的作业是这本书的基础。谢谢你，迈克尔，我期待未来的更多合作。

我要感谢我的编辑杰伊·萨赫（Jay Sacher），他购买并促成了这本书。能和你一起创造这本书非常荣幸。我要感谢设计师丹妮尔·狄训妮（Danielle Deschenes），谢谢你专业而富有灵感的设计。我要感谢企鹅兰登书屋所有帮助过我们的人，包括坎迪斯·卓别林（Candice Chaplin）、凯文·斯威汀（Kevin Sweeting）、娜塔莎·马丁（Natasha Martin），还有丹妮尔·达伊奇（Danielle Daitch）。

我要感谢加里森·凯勒对本书的重大贡献，以及多年来给予我的灵感。你为讲故事设置了标准。

在完成这项工作的过程中，我从朋友们那里得到了非常多的帮助，认识了非常多出色的人。我要感谢新老朋友们的支持，感谢你们分享自己的故事，向我介绍你们最喜欢的书店：Ellen S. Abramowitz, Wayne Alfano, Jonathan Ames, Frank Michael Angelo, Ilene Antelman, Catherine Arnold, Lesley Arrowsmith, Alec Baldwin, John Ballantine, Lauren Baratz-Logsted, Dave Barry, Todd Barry Anne Bernays, Harry Bliss, David Borchart,

Leslie Brada, Jan Brandt, Michal Brat, Louise Braverman, Kelly Brouse, Calef Brown, Pat Byrnes, Jen Campbell, Lou Carlozo, John Chandler, Con Chapman, Roz Chast, David Cheezem, Tracy Chevalier, Deepak Chopra, Ian Cochran, Amity Condie, Tobias Cox, Molly Crabapple, Heather Crothall, Aline & Robert Crumb, Elaine Dannemiller, Jon Delheim, Ann Dermansky, Dana De Vito, Christine Dicrocco Matthew Diffee, Chris Doeblin, Liza Donnelly, Nick Downes, Jonathan Drucker, Heather Duncan, Jennifer Egan, Dave Eggers, David Enyeart, Rebecca Fitting, Joe Frank, Michal Frank, Leon Freilich, Donna Friedman, Drew Friedman, Neil Gaiman, Marianne Garnier, Richard Gere, Amitav Ghosh, Gary Gianni, Thomas Gianni, Dorothy Globus, Ken Gloss, Stewart "Adam Ant" Goddard, Peter Goff, Sharon Gold, Loren Goodman, Michelle Gross, Sam Gross, Terry Gross, David Grove, David Hackett, Amy Halloran, Fred Harper, Sid Harris, Jenny Hart, Amanda Hass, Ethan Hawke, Karen Hayes, Simon Heafield, Annie Hedrick, Sarah Henshaw, Jan Herman, Ed Hermance, Jennifer Hixon, Carter B. Horsley, Eowyn Ivey, Rosemary James, Heather Johnson, Mark Kalinoski, Bruce Eric Kaplan, Mitchell Kaplan, Jacqueline Kellachan, John K. King, Charles Kochman, Susan Konar, Edward Koren, Rick Kotrba, Ken Krimstein, Christiaan Kuypers, Lea Lane, Leslie Lanier, Jean-Philippe Laroche, Raul Lemesoff, Jonathan Lethem, Arnie Levin, Stacey Lewis, Christopher Lione, Bob Mankoff, Marc Maron, Patricia Marx, Michael Maslin, Liz Mason, Jeffrey Mayersohn, Katherine Stebbins McCaffrey, Patti McCracken, Steve Meltzer, Prof. Ifeanyi Menkiti, Cheryl Mesler, Sharon Mesmer, Susan Mihalic, Cat Mihos, Andrew Miller, Warren Miller, Ivan Mistrik, Sonja Mistrik, Jay Moore, Jim Moore,

Doris Moskowitz, Dolores Motichka, Matt Mueller, Arthur Murdock, Karen Murdock, Parke Muth, Vlad Niculescu, Cristina Nosti, Bob Odenkirk, Naomi Odenkirk, Karen Opas, Kurt Opprecht, Michael Palin, Teresa Burns Parkhurst, Nathaniel Philbrick, Joe Philips, Jenelle Pifer, Mary Ellen Piland, Greg Powers, Darryl Price, Jon Privett, Greg Proops, Shawn Purcell, Charla Puryear, Jordan Puuryear, Bill Reed, Prof. Michael Reichling, Jake Reiss, Ari Rieser, David Remnick, Roxana Robinson, David S. Rose, Gil Roth, Davy Rothbart, Lee Runchey, Tiffany Sainz, Donna Sandstrom, Jennifer Scanlan, Charles J. Shields, Christine Shields, Tina Simms, Lenore Skenazy, Esther K. Smith, Judi Smith, Scott Snibbe, Gary Sohmers, Em-J Staples, Hillel Stavis, Alan Steinfeld, Colin Stokes, Martin Stokes, Allen Stone, Julia Suits, Kim Sutton, Nialle Sylvan, Susan Takacs, Matthew Tannenbaum, Anthony Tao, Eric Thornton, Lynne Tillman, Tom Toro, Britton Trice, Kelly Van Valkenburg, Emily Vizzo, Bart Vlek, Joe Vonnegut, Carol Wald, Jessica Walker, Chris Ware, Prof. Henry Weinfield, Marcia Wernick, Sylvia Whitman, Sean Wilentz, Mo Willems, Morris Witten, Ben Wolf, Barbara Yeaman, Michael Allen Zell, Ursula Cary Ziemba, Lisa Zucker。

还要感谢迈克·萨克斯（Mike Sacks），他亲自提供了帮助，他的两部幽默作家访谈录《戳一只死青蛙》(*Poking a Dead Frog*)和《重点来了》(*And Here's the Kicker*)也为我指引了方向。

此外，我还要感谢下面这些人，没有他们就不会有这本书：

感谢诗人兼作家罗恩·科尔姆，他比我认识的任何人都更了解书店。他慷慨地给予了我大量时间，是一个非常有才华的好人。

感谢我的朋友梅丽莎·施菲尔德（Melissa Scheld）。她在出版界资历深厚，为我和内行之间牵线搭桥，这对本书非常重要。

感谢我的经纪人乔伊·图特拉（Joy Tutela）和我一起完成第二部作品。我一如既往地感激你所有的努力、耐心、指导和友谊。

我一直很感谢我的妻子塔玛·斯通（Tamar Stone），她使得这项工作充满乐趣。她帮我找故事，和我一起跋涉去书店，花很多时间来帮我完善书中的艺术作品，而她还有自己的艺术作品要完成（请去谷歌搜一下她的名字，你就会知道）。如果没有她的贡献，我的编辑现在还在等着书的终稿。

我要特别感谢我的家人，尤其是母亲和父亲。他们和这本书一点关系都没有，但我从未就所有其他的一切向他们表达足够的感谢。

最后，谢谢你们，爱书的人，尤其是那些决定把生命贡献给经营书店的人。这本书献给你们，以及你们传播书籍的使命感。

## 图书在版编目(CIP)数据

书店时光：书友、书商和爱书人的记忆风景 /（美）鲍勃·埃克斯坦著；刘倩译. — 北京：商务印书馆，2021

ISBN 978-7-100-19954-4

Ⅰ.①书… Ⅱ.①鲍… ②刘… Ⅲ.①书店—介绍—世界 Ⅳ.① G239.1

中国版本图书馆 CIP 数据核字（2021）第 102303 号

**权利保留，侵权必究。**

# 书店时光：书友、书商和爱书人的记忆风景
〔美〕鲍勃·埃克斯坦 著
刘倩 译

商 务 印 书 馆 出 版
（北京王府井大街36号　邮政编码100710）
商 务 印 书 馆 发 行
北京中科印刷有限公司印刷
ISBN 978-7-100-19954-4

| | | |
|---|---|---|
| 2021年9月第1版 | 开本 787×1092 | 1/16 |
| 2021年9月北京第1次印刷 | 印张 11¾ | |

定价：68.00 元

Copyright @ 2016 by Bob Eckstein

The translation published by arrangement with Clarkson Potter / Publishers,
an imprint of the Crown Publishing Group, a division of Penguin Random House LLC